오픈아이

설민석의 초등 한국사 5

일제 강점기편

우리 아이를 둔 학부모님께

사랑하는 우리 아이를 둔 아버님, 어머님 안녕하십니까.
우리의 역사를 보다 재미있고 쉽게, 널리 알리고자 노력하고 있는
설민석입니다.

그동안 초·중등 대상 학습 교재와 강의에 대한 많은 문의가 있었습니다.
오랫동안 시장 조사와 교재 및 강의를 연구한 끝에 설민석의 오픈아이
초등 한국사 시리즈로 인사드리게 되었습니다.

교과서는 물론, 시중의 학습 교재와 강의의 장단점을 철저히 분석하여
장점은 극대화하고 단점은 최소화하였습니다.
단순히 지식만을 담아 초·중등학교 시험 대비로 그치는 것이 아니라 실제
역사 속 인물에 공감하고 하나의 사건을 다양한 시각으로 볼 수 있는 단원도
따로 구성하였습니다. 역사 논술은 물론 삶의 지혜까지 담은 훌륭한 교재를
만들려고 노력하였습니다.

학습 만화, 소설, 강연 등을 통해 전달해 드렸던 재미와 감동을
이제는 초등 학습서와 강의로 전하고자 합니다.
설민석의 오픈아이 초등 한국사를 통해 우리 아이와 함께 밝은 미래를
그려나가겠습니다.

우리아이
오픈아이
단꿈아이

이 책의 구성과 특징

1

또 다른 모험의 시작

한국사 대모험 시리즈에 등장하는 인물을
통해 우리 한국사를 공부하는 이유를
애니메이션으로 표현한 코너입니다.
한국사 대모험을 통해 가슴에 의식을
담았다면, 설민석의 오픈아이 초등 한국사는
여러분의 머릿속에 지식을 담아줄 것입니다.

2

오픈아이

베스트셀러인 한국사 대모험 시리즈의
주인공들이 시간 여행을 떠나면서 단원별
핵심 주제와 관련된 일화를 애니메이션으로
표현하였습니다.
6컷 만화가 우리 아이의 흥미를 유발하여
공부를 재미있게 할 수 있도록 도와줍니다.
강의에서는 움직이는 무빙툰 영상으로
제작되어 찾아갑니다.

3

한판 정리

한판 정리는 초·중등 교육과정과 교과서,
한국사능력검정시험 기본편을 완벽하게
분석하여 단원별 핵심을 한눈에 볼 수 있도록
정리하였습니다.
초·중등 시험과 한국사능력검정시험에
최적화된 핵심 요약을 실제 설쌤의 강의와
함께 정리할 수 있습니다.

4

설쌤의 한국사 스토리텔링

설쌤의 강의를 들은 후 스스로 복습할 때
이해를 돕고자, 실제 설쌤의 강의를 줄글로
옮겨 두었습니다. 현행 교과서는 역사적
사실을 짧고 간결하게 서술하고 있습니다.
그래서 우리 아이가 학교 교과서로 공부할 때
이해하기 어려운 부분을 설민석의 오픈아이
초등 한국사에서 모두 풀어 설명해 드립니다.
실제 설쌤의 음성 지원 효과와 함께 학습할 수
있습니다.

이 책의 구성과 특징

5

자료보기

초·중등 교과서와 한국사능력검정시험에 나오는 자료 중 현행 교육과정에서 다루는 필수적인 자료를 수록하였습니다. 또한 우리 아이의 흥미를 높이고자 단원별 핵심 장면을 애니메이션 형식으로 넣었습니다. 단순히 자료를 확인하는 것이 아닌, 설쌤의 강의를 들으며 함께 살펴볼 수 있습니다.

개념 정리를 넘어 필수 자료까지 설민석의 오픈아이 초등 한국사를 통해 정리해 보세요.

6

더 알아보기

한국사 공부를 어렵게 하는 생소한 단어에 대한 설명을 풀어서 설명해줍니다.

또한, 이해를 돕기 위한 추가 자료(역사적 사료, 사진 자료 등)를 수록하여 우리 아이가 학습하는 데 큰 도움을 줄 것입니다.

7

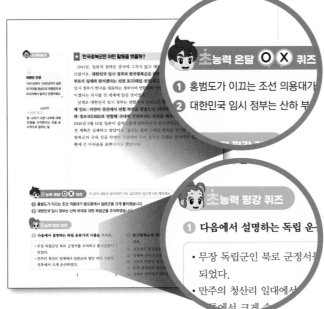

초능력 온달 O, X 퀴즈

초등학교·중학교 교육과정에 명시된 핵심 주제를 바탕으로, 실제 학교 시험에 나오는 중요한 포인트를 O, X 퀴즈 형식으로 제작하였습니다.

초능력 평강 퀴즈

초능력 평강 퀴즈는 실제 학교 시험 문제와 동일한 유형과 난이도로 제작하여, 우리 아이가 학교 시험을 대비할 수 있도록 도와줍니다.

8

초능력 Level up 문제

단원별 학습 내용을 바탕으로 자체 제작한 객관식, 주관식 문제를 풀어보며 개념을 되짚어 볼 수 있습니다.
또한, 실제 한국사능력검정시험, 대학수학능력시험문제를 풀어보며 시험에 대한 실전 감각을 높일 수 있도록 도와드립니다.

이 책의 구성과 특징

9

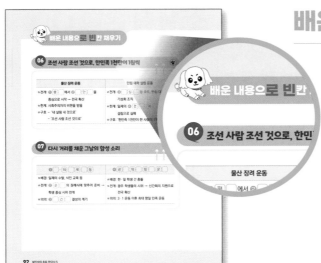

배운 내용으로 빈칸 채우기

대단원이 마무리될 때, 앞서 배운 핵심 개념에 대한 빈칸 채우기를 하며 내용을 되짚어 볼 수 있습니다.
단순히 읽고 끝나지 않도록, 머릿속에 지식을 채워 넣을 수 있는 복습의 기회를 제공해 드립니다.

10

설쌤의 지식 오픈!

배운 대단원과 관련된 인문학 지식을 소개하고 그와 관련된 생각을 자유롭게 적어볼 수 있습니다.
현행 교육과정에서는 알기 어려운 다양한 역사 관련 이야기가 수록되어 있습니다.
설쌤의 지식 오픈을 통해 우리 아이의 인문학적 지식을 넓혀 드립니다.

11

역사논술

지식의 습득도 중요하지만, 사고력을 높이는 것도 중요합니다.
역사논술 코너는 역사적 사실을 바탕으로 우리 아이의 생각을 논리적으로 서술할 수 있는 능력을 길러 줄 것입니다.

12

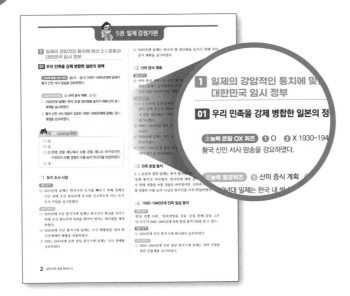

정답과 해설

퀴즈와 문제는 정답을 맞혔다고 하더라도 우리 아이가 정확하게 알고 풀었는지 한 번 더 확인해보아야 합니다.
친절한 해설을 통해 이해되지 않았던 부분도 완벽히 이해하여 내 것으로 만들 수 있도록 도와줍니다.

이 책의 차례

3 일제에 맞서기 위해 실력을 키우고 투쟁하다

4 우리의 권리와 문화는 우리가 지킨다!

정답과 해설

또 다른 모험의 시작

설박사의 생각은 어떻소?

교육은 다양한 부분에서 백성들을 일깨워 줄 수 있습니다. 온달이를 보십시오. 역사 교육을 받을수록 지식과 의식이 점점 성장하고 있잖습니까.

듣고보니 설박사의 말이 맞는 듯하오.

하지만 황대감의 말도 틀린 말은 아닙니다. 군사력도 나라를 지키는 데 큰 도움이 됩니다.

오호! 그렇구려. 설박사! 5권에서는 온달이에게 무엇을 알려줄 생각이오?

국권이 다른 나라에 빼앗겼을 때 백성들이 겪을 고통이 얼마나 큰지 알려주려 합니다.

좋소! 진정으로 나의 사위가 되려면 백성들의 고통도 헤아릴 수 있어야겠구려!

이런…!

설박사! 이번에도 잘부탁하오!

물론입니다! 얘들아, 이제 일제 강점기로 떠나볼까?

네! 좋아요! 설쌤!

설쌤과 함께라면 이번에도 우린 승리할 거예요!

1

" 일제의 강압적인 통치에 맞선 3·1 운동과 대한민국 임시 정부 "

01 우리 민족을 강제 병합한 일본의 정책

#조선 태형령   #토지 조사 사업   #산미 증식 계획

#국가 총동원법

02 거리에 가득 찬 태극기와 함성, 3·1 운동

#2·8 독립 선언서   #제암리 사건   #대한민국 임시 정부

03 드디어 출범한 최초의 민주 정부, 대한민국 임시 정부

#연통제   #교통국   #독립 공채   #국민 대표 회의

#한인 애국단

* 백문이 불여일견: 듣기만 하는 것보다는 직접 보는 것이 확실하다는 말

한판 정리

일제의 식민 통치 정책

	1910년대 무단 통치	1920년대 '문화 통치' (민족 분열 통치)	1930~1940년대 민족 말살 통치
정책	• 조선 총독부 설치 • 헌병 경찰 제도 • 조선 태형령	• 보통 경찰 제도 → 경찰 인원 증가 • 치안 유지법 제정	• 황국 신민화 정책: 황국 신민 서사 암송, 신사 참배, 창씨개명 • 우리말 사용 금지
경제	• 토지 조사 사업 • 회사령	• 산미 증식 계획	• 국가 총동원법: 공출제, 징용령, 징병제, 일본군 '위안부'

일제의 식민 통치에 대해 알아봅시다.

 더 알아보기

＊식민 통치
다른 나라의 주권을 빼앗아 정치적·경제적으로 지배함

＊탄압
권력이나 힘으로 억지로 눌러 꼼짝 못 하게 함

＊태형
몽둥이로 죄인을 때리는 형벌

헌병 경찰
군대의 경찰인 헌병이 일반 경찰의 업무까지 맡았었어요.

＊ 1910년대 무단 통치는 어떻게 전개되었을까?

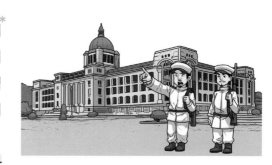

1910년 대한 제국은 결국 일제에 나라를 빼앗겼고, 일제의 식민 통치＊가 시작되었어요. 일제는 식민 통치를 위해 **조선 총독부를 설치**하고 식민 지배에 필요한 모든 권한을 주어 우리 민족을 탄압＊하기 시작했어요.

일제는 **헌병 경찰을 앞세워 한국인을 감시했고, 재판 없이 한국인을 처벌**하기도 했어요(**헌병 경찰 제도**). 또한 **조선 태형＊령**을 내려 한국인에게만 태형을 적용했어요. 제복을 입고 칼을 찬 교사들이 학교 수업에 들어와 학생들을 겁에 질리게 만들기도 했죠.

일제는 식민 통치에 필요한 돈을 마련하고 한국인들이 가진 토지를 빼앗기 위해 **토지 조사 사업을 실시**했어요. 토지 주인은 정해진 기간 내에 토지를 신고해야 했는데, 복잡한 신고 방법과 일제에 대한 거부감 때문에 토지 신고를 하지 않은 사람이 많았어요. 조선 총독부는 이렇게 신고되지 않은 토지들을 빼앗아 갔답니다.

또한 일제는 **회사를 차리고 싶은 한국인은 조선 총독의 허락을 받아야 한다는 회사령을 발표**해 한국인의 기업 활동을 막았어요.

이렇듯 **헌병 경찰을 앞세워 한국인들을 총과 칼로 탄압했던 1910년대 일제의 식민 통치 정책을 무단 통치**라고 한답니다.

회사령

제1조   회사의 설립은 조선 총독의 허가를 받아야 한다.

✱ 1920년대 '문화 통치'는 어떻게 전개되었을까?

1919년 전국에서 3·1 운동이 일어났어요. 일제의 폭력적인 식민 통치에 대한 우리 민족의 저항이었죠. 일제는 3·1 운동을 강제로 진압하긴 했지만, 총과 칼로 우리 민족을 계속 다스리기에는 한계가 있다고 느꼈어요. 그래서 **일제는 한국인의 불만을 잠재우기 위해 이른바 '문화 통치'로 통치 방식을 바꾸었어요**. 겉으로는 우리 민족의 문화를 인정한다는 것이었지만, 사실은 **우리 민족을 분열시키고 친일파를 길러 독립운동을 막으려는 민족 분열 통치**였답니다.

사이토 총독은 이제부터 헌병 경찰이 아닌 보통 경찰이 한국의 치안을 담당할 것이라고 발표했고(보통 경찰 제도), 그동안 금지되던 한국인의 신문과 잡지의 발간도 허용하겠다고 말했어요. 하지만 **실제로는 보통 경찰의 수가 이전보다 크게 늘었고, 치안 유지법을 만들어 오히려 독립운동가들을 더욱 탄압**했어요. 그리고 **이때 발행된 우리 민족의 신문들은 발행되기 전 총독부에 미리 검사를 받아야 했죠**.

결국 '문화 통치'는 겉으로 우리 민족의 문화를 존중해 주는 척하면서, 더 교묘하게 한국인을 감시하고 분열시키려는 통치 방식이었답니다.

✱ 진압
강압적인 힘으로 억눌러 진정시킴

✱ 분열
찢어져 나뉨

✱ 치안
나라를 편안하게 다스림

사이토 총독
사이토 마코토는 3·1 운동 직후 제3대 조선 총독으로 취임하였어요. 그는 이전의 무단 통치를 이른바 '문화 통치'로 전환했어요.

*수탈
강제로 빼앗음

*산미
농사를 지어 만든 쌀

*증식
늘려서 많게 함

✱ 일본은 왜 수많은 우리의 쌀을 가져간 걸까?

이른바 '문화 통치'가 이루어지는 동안 일제는 경제적 수탈을 멈추지 않았어요. 1920년대에 일제는 한국 내 쌀 생산량을 늘리기 위한 산미 증식 계획을 실시했어요. 하지만 이로 인해 한국인의 생활은 더욱 어려워졌는데, 이는 산미 증식 계획이 한국의 쌀을 빼앗아 가려는 일제의 계획이었기 때문이에요.

일제는 일본 내 쌀값이 크게 오르자 어떻게 하면 일본인들이 먹을 쌀을 늘릴 수 있을까 고민하다가 한국을 이용하기로 했어요. 한국의 쌀 생산량을 늘린 뒤, 늘어난 양의 쌀을 일본으로 가져가서 문제를 해결하겠다는 것이었죠.

산미 증식 계획으로 쌀 생산량이 증가하기는 했지만, **일제는 늘어난 쌀보다 더 많은 양의 쌀을 가져갔고, 그로 인해 한국인들이 먹을 쌀은 부족**해졌어요. 또, **산미 증식 계획을 위해 필요한 비용을 우리나라 농민들이 내도록 해 농민들의 생활은 더욱더 힘들어졌답니다.**

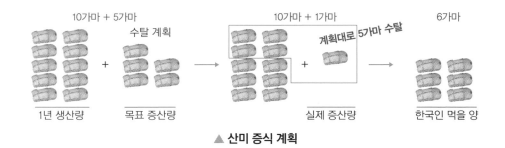

▲ 산미 증식 계획

✱ 1930~1940년대 민족 말살 통치는 어떻게 전개되었을까?

1930년대부터 일제는 만주 침략을 시작으로 침략 전쟁을 확대해 나갔어요. 그러자 일제는 전쟁에 필요한 자원을 얻기 위한 **민족 말살 정책을 실시**하기 시작했어요. 한국인이 일본 천황에게 충성하고, 스스로 전쟁터에 나가게 하기 위해서 한국인의 민족성을 짓밟는 정책을 실시한 거예요.

일제는 한국인을 일본인으로 만들기 위한 **황국 신민화 정책을 펼치며, 황국 신민 서사의 암송을 강요하고 전국에 신사를 세워 강제로 절하도록 했죠(신사 참배).** 그리고 **우리의 성과 이름을 일본식으로 바꾸도록 하는 창씨개명을 강요**했답니다. 이때 창씨개명을 거부하면 학교에 다니지 못하게 하거나 돈을 벌지 못하게 하는 등 불이익을 주었다고 해요.

또한 우리말을 쓰지 못하도록 하고 일상생활에서도 일본어를 쓰도록 했으며, 학교에서도 한글을 가르치지 못하도록 했어요. 우리의 민족성이 담긴 한글과 역사를 없애려 한 거예요.

황국 신민 서사(어린이용)

1. 우리는 대일본 제국의 신민입니다.
2. 우리는 마음을 합하여 천황 폐하에게 충의를 다합니다.
3. 우리는 괴로움을 참고 몸과 마음을 굳세게 하여 훌륭하고 강한 국민이 되겠습니다.

✱**침략**
정당한 이유 없이 남의 나라에 쳐들어감

✱**말살**
있는 사물을 뭉개어 아주 없애 버림

✱**황국 신민**
일본 천황이 다스리는 나라의 신하 된 백성

✱**암송**
글을 보지 않고 외워서 말함

✱**신사**
일본 왕실의 조상신이나 자기 나라에 공을 세운 자의 위패(죽은 사람의 이름을 적은 나무판)를 모아 둔 곳

▲ 황국 신민 서사를 암송하는 어린이들

✱ 국가 총동원법, 일제는 전쟁을 위해 무엇까지 가져갔을까?

✱공출
국민이 국가의 필요에 따라
곡물이나 물건들을 의무적으
로 정부에 내어놓음

1937년 중·일 전쟁을 일으킨 일제는 한반도에 있는 모든 것들을 총동원해 전쟁에 활용하는 **국가 총동원법**을 만들었어요. 사람들이 먹을 곡물을 **공출**해 군인들의 식량으로 보급하는 것은 물론 숟가락, 놋그릇, 솥뚜껑 등 온갖 쇠붙이를 빼앗아 무기를 만드는 데 사용했죠(공출제).

▲ 놋그릇 공출

또한 **한국인들을 전쟁 물자를 만들기 위한 공장, 탄광에 강제로 끌고 갔고**(국민 징용령), **청년은 물론 어린 학생들까지 전쟁터에 나가 일본을 위해 싸우도록 했어요**(징병제). **게다가 수많은 여성들을 일본군 '위안부'로 끌고 가, 성 노예로 삼는 인권 침해를 일으키기도 했어요**. 현재 일본 정부는 이러한 강제 동원 사실을 인정하지 않고 사과하지 않는 태도를 보이고 있는데, 이에 맞서 수많은 사람들이 진실을 알리기 위한 노력을 하고 있답니다.

▲ 일제의 강제징병을 축하하는 마을 잔치

초능력 온달 ⭕❌ 퀴즈

이 글의 내용과 일치하면 O표, 일치하지 않으면 X표 해보세요.

❶ 대한 제국의 국권을 강제로 빼앗은 일제는 1910년대에 헌병 경찰을 앞세워 한국인을 탄압하였습니다.   (⭕ , ❌)

❷ 1910년대에 일제는 황국 신민 서사 암송을 강요하였습니다.   (⭕ , ❌)

초능력 평강 퀴즈

❶ 1920년대 일제가 한국의 쌀 생산량을 늘려 일본으로 들여와 일본 내의 쌀 부족 현상을 해결하고자 한 정책은 무엇인지 쓰시오.

(   )

❷ 황국 신민 서사 암송이 강요된 시기에 실시된 일제의 정책으로 옳은 것을 고르시오.   (   )

① 창씨개명을 강요하였다.
② 조선 총독부를 설치하였다.
③ 조선 태형령을 실시하였다.
④ 토지 조사 사업을 실시하였다.
⑤ 제복을 입고 칼을 찬 교사가 수업하였다.

🔅 정답과 해설 2쪽

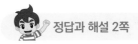

우리학교 객관식 문제

01 다음 자료에서 설명하는 일제의 정책으로 옳은 것은?

> 토지 주인은 정해진 기간 내에 토지를 신고해야 했는데, 복잡한 신고 방법과 일제에 대한 거부감 때문에 토지 신고를 하지 않은 사람이 많았어요. 조선 총독부는 이렇게 신고 되지 않은 토지들을 빼앗아 갔답니다.

① 회사령   ② 조선 태형령
③ 신사 참배   ④ 산미 증식 계획
⑤ 토지 조사 사업

02 밑줄 친 '정책'의 시행 결과로 가장 적절한 것은?

> 1920년대에 일제는 한국 내 쌀 생산량을 늘리기 위한 산미 증식 계획을 실시했어요.

① 보통 경찰제가 시행되었다.
② 우리말 사용이 금지되었다.
③ 치안 유지법이 제정되었다.
④ 한국인의 식량 사정이 악화되었다.
⑤ 황국 신민 서사 암송이 강요되었다.

우리학교 주관식 문제

03 다음 자료에 해당하는 사례 한 가지를 서술하시오.

> '문화 통치'는 겉으로 우리 민족의 문화를 존중해 주는 척하면서, 더 교묘하게 한국인을 감시하고 분열시키려는 통치 방식이었답니다.

_____

_____

한국사능력검정시험

04 밑줄 그은 '이 시기'에 볼 수 있는 모습으로 적절하지 **않은** 것은?

기본 64회

> 이것은 일제 강점기 학적부의 일부입니다. 중일 전쟁 이후 침략 전쟁을 확대하던 이 시기에 일제는 학생들에게도 일본식으로 성명을 바꾸게 하는 창씨개명을 강요하였습니다.

① 공출을 독려하는 애국반 반장
② 황국 신민 서사를 암송하는 학생
③ 국민 징용령에 의해 끌려가는 청년
④ 회사령을 공포하는 조선 총독부 관리

02 거리에 가득 찬 태극기와 함성, 3·1 운동

1914~1918년	1919년	1919년
제1차 세계 대전	2·8 독립 선언	3·1 운동

오픈아이

설쌤! 일제 강점기 때 우리는 당하기만 했나요?

당하고만 있진 않았어. 온달아!

맞아! 우리 전 국민이 참여한 3·1 운동의 현장으로 가볼까?

설쌤! 사람들이 정말 많이 모여있어요!

그래. 3·1 운동은 일제 강점기 최대 규모의 만세 운동이야.

민족 대표분들은 왜 안 오시지?

약속한 시간이 다 된 것 같은데…?

설쌤! 민족 대표분들이 아직 도착하지 않았나봐요?

그분들은 이곳으로 오지 않을 거야.

왜 오지 않는 건가요? 이대로 있다가는 사람들이 모두 돌아가겠는데요?

자세한 이야기는 강의에서 알려줄게.

설쌤! 온달이와 로빈이가 사라졌어요!

설쌤! 저기 보세요!

우리는 오늘 여기에 조선이 독립한 나라이며!

어어…! 큰일났네! 빨리 여길 떠나자!

한판 정리

3·1 운동의 전개 과정

	3·1 운동(1919)
배경	• 윌슨의 민족 자결주의 • 일본 유학생들의 2·8 독립 선언서 발표
전개	• 민족 대표들이 독립 선언서 낭독 → 탑골 공원에서 학생 중심 비폭력 만세 시위 전개 → 전국 주요 도시로 확대 → 농촌으로 확산(폭력적 양상) → 만주·연해주·미주·일본 등 국외로 확산 • 일제의 탄압: 제암리 사건 등
결과	• 일제의 통치 방식이 무단 통치에서 이른바 '문화 통치'로 변화 • 대한민국 임시 정부 수립에 영향

설쌤의 한국사 스토리텔링

3·1 운동에 대해 알아봅시다.

 더 알아보기

제1차 세계 대전
1914년부터 1918년까지 일어난 세계 전쟁으로, 연합국(영국·프랑스·미국) 세력의 승리로 끝이 났어요.

✱ **3·1 운동이 일어난 배경은 무엇이었을까?**

일제에 나라를 빼앗긴 지 10년이 되어가던 무렵, 여전히 일제의 강압적인 무단 통치가 계속되었고 독립에 대한 한국인의 간절함은 더욱 커져만 갔어요. 이러한 가운데 나라 밖에서는 **제1차 세계 대전**이 일어나, 여러 나라가 편을 나눠 전쟁을 벌였어요.

전쟁이 끝난 직후 미국의 윌슨 대통령은 '식민 지배를 받는 민족은 다른 민족이나 국가의 간섭 없이 스스로 자신들의 운명을 결정할 권리가 있다.'라는 **민족 자결주의를 주장**했어요.

미국 대통령 윌슨의 주장에 영향을 받아 **1919년 2월 8일에는 일본 도쿄에 있는 한국인 유학생들이 모여 독립 선언**을 발표했어요(2·8 독립 선언). 이 소식은 곧 국내의 독립운동가들에게도 전해져 국내에서 대대적인 만세 운동이 일어나는 계기가 되었답니다.

✳ 3·1 운동은 어떻게 전개되었을까?

나라 안팎에서 독립에 대한 간절한 마음이 커져가고 있던 상황 속, 고종 황제의 갑작스러운 사망 소식이 전해졌어요. 당시에 일제가 고종 황제를 독살✳했다는 소문이 퍼지자 10년 동안 무단 통치에 고통받았던 한국인의 분노는 걷잡을 수 없이 커져갔죠.

마침내 고종의 장례식 즈음인 **1919년 3월 1일, 민족 대표들은 서울 태화관에 모여 미리 준비한 독립 선언서를 낭독**했어요. 같은 시각 **서울 탑골 공원에서는 학생을 중심으로 한 시민들이 모여 독립 선언서를 큰 목소리로 읽어 내려갔어요.**

"우리 조선이 독립한 나라이며 조선인이 이 나라의 주인임을 선언하노라!"

곧이어 사람들은 가슴속에 품은 태극기를 꺼내며 만세 시위를 시작했어요. "대한 독립 만세!"

이렇게 시작된 비폭력 만세 시위는 전국의 주요 도시들로 확산되었어요. 하지만 **시위가 농촌으로 확대되면서 점차 폭력적인 모습을 보이기도 했답니다.**

- 대규모 봉기 지역(참가 인원 1만 명 이상)
- 소규모 시위 지역

탑골 공원
독립 선언서 낭독
(1919. 3. 1.)

▲ 전국에서 일어난 3·1 운동

3·1 독립 선언서(기미 독립 선언서) 일부

우리는 오늘 여기에 조선이 독립한 나라이며, 조선인이 이 나라의 주인임을 선언한다. 우리는 이를 세계 모든 나라에 알려 인류가 모두 평등하다는 큰 뜻을 분명히 하고, 우리 후손이 민족 스스로 살아갈 정당한 권리를 영원히 누리게 할 것이다. ……

더 알아보기

✳ 독살
독약을 먹이거나 독을 써서 사람을 죽임

▲ 유관순

이화 학당에 다니던 유관순은 3·1 운동이 일어나자, 고향인 천안 아우내 장터에서 만세 시위를 주도했어요. 유관순은 체포된 후 감옥에서도 만세 시위를 이어갔고, 일제의 모진 고문으로 결국 숨을 거두고 말았지요.

만세 시위가 폭력적인 모습을 보이다

심한 사람은 미리 낫, 괭이, 몽둥이 등 흉기를 가지고 전투적인 준비를 갖추었다. 미리 훈련받은 정규병과 같은 모습을 띠었다. …… 면사무소, 군청 등 비교적 저항력이 빈약한 데를 습격함으로써 군중의 사기를 높이고 마침내는 경찰 관서를 습격하여 때때로 파괴적 행동에 빠지려 하였다.

— 조선 헌병대 사령부,
『조선 소요 사건 상황』—

▲ 3·1 운동

제암리 사건

1919년 4월 15일 일본군은 오늘날 경기도 화성에 있는 제암리 마을 사람들을 교회에 모이게 한 뒤, 밖에서 문을 잠그고 무차별 총격을 가하여 23명을 학살하였고, 이웃 마을에서도 6명을 살해했어요. 심지어 인근 교회와 민가에 불을 질렀어요.

내가 봐도 제암리 사건은 참을 수가 없군..!

✳ 일제는 3·1 운동을 어떻게 탄압했을까?

민족 대표들과 학생들이 시작한 3·1 운동은 이제 민족 모두의 만세 운동이 되었어요. 전국 곳곳에서 태극기를 든 사람들이 독립을 위해 거리로 달려 나왔죠.

그러자 일제는 총과 칼로 만세 운동을 탄압하기 시작했어요. 경찰과 군인들이 거리에 나온 사람들을 총으로 쏴 죽이고 수많은 사람을 체포해서 감옥에 가두었어요.

제암리 사건은 이러한 일제의 무자비한 탄압을 보여주는 사건이에요. 경기도 화성의 제암리에서 만세 운동이 일어나자, 일제는 제암리 마을 사람들을 모두 교회에 불러들였어요. 그러고는 교회에 불을 지르고, 불길을 피해 빠져나오려는 사람들을 향해 마구 총을 쏘았어요. 수십 명의 사람들이 목숨을 잃은 이 사건은 선교사 스코필드에 의해 세계에 알려졌답니다.

이러한 일제의 탄압에도 불구하고 만세 운동은 전국에서 계속되었고, 국내뿐만 아니라 국외의 우리 민족들에게까지 퍼져 나갔어요. **만주, 연해주, 미주와 일본에서도 대한 독립을 외치는 만세 소리**가 거리를 가득 채웠답니다.

✳ 3·1 운동의 결과는 무엇일까?

3·1 운동은 다양한 사람들이 참여한 전 민족적인 사건이었던 만큼, 수많은 변화를 불러일으켰어요. 3·1 운동을 목격한 일제는 강압적인 방식의 무단 통치로는 한국을 지배하는 데 한계가 있다고 생각했어요. 그래서 일제는 3·1 운동과 같은 독립운동이 다시 일어나지 않도록 **이른바 '문화 통치'로 식민 통치 방식을 바꾸었어요**.

한편 독립운동가들은 3·1 운동을 겪으며 우리 민족의 독립운동을 이끌어 줄 중심 단체가 필요하다고 생각했어요. 그 결과 **대한민국 임시 정부가 수립**되었답니다.

3·1 운동은 우리 민족 스스로의 힘을 깨닫게 해주었으며, 이후 국내외에서 더욱 다양한 독립운동이 전개될 수 있도록 하는 기반을 마련한 중요한 사건이랍니다.

*기반
기초가 되는 바탕

초능력 온달 Ⓞ Ⓧ 퀴즈
이 글의 내용과 일치하면 O표, 일치하지 않으면 X표 해보세요.

❶ 농촌에서 시작된 3·1 운동은 점차 주요 도시로 확대되었습니다. (Ⓞ , Ⓧ)
❷ 3·1 운동의 결과 일제의 통치 방식이 무단 통치로 변화하였습니다. (Ⓞ , Ⓧ)

초능력 평강 퀴즈

❶ 3·1 운동 때 선포된 다음 선언서가 무엇인지 쓰시오.

> 우리는 여기에 오늘 조선이 독립한 나라이며, 조선인이 이 나라의 주인임을 선언한다. 우리는 이를 세계 모든 나라에 알려 인류가 모두 평등하다는 큰 뜻을 분명히 하고, 우리 후손이 민족 스스로 살아갈 정당한 권리를 영원히 누리게 할 것이다. …

(   )

❷ 밑줄 친 '만세 시위'의 결과로 알맞은 것을 고르시오. (   )

> 이화 학당에 다니던 유관순은 고향인 충청남도 천안에서 만세 시위를 벌이다 일제에 의해 체포되었어요. 유관순은 감옥에서도 '독립 만세'를 외쳤으나 결국 고문을 받고 목숨을 잃었어요.

① 을사늑약이 체결되었다.
② 조선 총독부가 설치되었다.
③ 대한국 국제가 반포되었다.
④ 국채 보상 운동을 발생하였다.
⑤ 대한민국 임시 정부가 수립되었다.

🌐 정답과 해설 3쪽

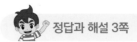 정답과 해설 3쪽

우리학교 객관식 문제

01 다음 중 3·1 운동의 배경에 해당하는 것을 〈보기〉에서 고른 것은?

┤ 보기 ├
ㄱ. 윌슨의 민족 자결주의 발표
ㄴ. 대한민국 임시 정부의 수립
ㄷ. 일제의 국가 총동원법 제정
ㄹ. 일본 유학생의 2·8 독립 선언서 발표

① ㄱ, ㄴ   ② ㄱ, ㄹ   ③ ㄴ, ㄷ
④ ㄴ, ㄹ   ⑤ ㄷ, ㄹ

02 다음 자료와 관련된 민족 운동의 결과로 옳은 것을 〈보기〉에서 고른 것은?

> 우리는 오늘 여기에 조선이 독립한 나라이며, 조선인이 이 나라의 주인임을 선언한다. 우리는 이를 세계 모든 나라에 알려 인류가 모두 평등하다는 큰 뜻을 분명히 하고, 우리 후손이 민족 스스로 살아갈 정당한 권리를 영원히 누리게 할 것이다. ……

┤ 보기 ├
ㄱ. 일제의 통치 방식이 변화하였다.
ㄴ. 대한민국 임시 정부가 수립되었다.
ㄷ. 헌병 경찰제가 시행되는 계기가 되었다.
ㄹ. 토지 조사 사업이 시행되는 배경이 되었다.

① ㄱ, ㄴ   ② ㄱ, ㄷ   ③ ㄴ, ㄷ
④ ㄴ, ㄹ   ⑤ ㄷ, ㄹ

우리학교 주관식 문제

03 3·1 운동이 도시에서 농촌으로 확산되는 과정에서 나타난 성격의 변화를 서술하시오.

_____

_____

_____

한국사능력검정시험

04 밑줄 그은 '만세 시위'에 대한 설명으로 옳은 것은?
기본 67회

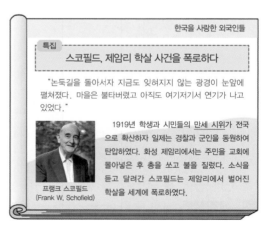

한국을 사랑한 외국인들

특집 **스코필드, 제암리 학살 사건을 폭로하다**

"논둑길을 돌아서자 지금도 잊혀지지 않는 광경이 눈앞에 펼쳐졌다. 마을은 불타버렸고 아직도 여기저기서 연기가 나고 있었다."

프랭크 스코필드 (Frank W. Schofield)

1919년 학생과 시민들의 만세 시위가 전국으로 확산하자 일제는 경찰과 군인을 동원하여 탄압하였다. 화성 제암리에서는 주민을 교회에 몰아넣은 후 총을 쏘고 불을 질렀다. 소식을 듣고 달려간 스코필드는 제암리에서 벌어진 학살을 세계에 폭로하였다.

① 순종의 인산일에 전개되었다.
② 대한매일신보의 후원을 받았다.
③ 대한민국 임시 정부 수립의 계기가 되었다.
④ 신간회에서 진상 조사단을 파견하여 지원하였다.

활동하기

3·1 운동 때 사람들에게 나눠 줄 나만의 선언문을 작성해보세요.

1919년 · 1923년 · 1931년

[대한민국 임시 정부 출범] [국민 대표 회의] [한인 애국단 조직]

오픈아이

온달아! 역사에 너무 개입하면 안돼!

나도 모르게 그만…

온달이의 애국심이 점점 강해지는구나!

임시 정부가 나아갈 방향에 대해 이야기 해봅시다.

설쌤! 지금 무슨 상황인 건가요?

임시 정부가 나아갈 방향에 대해 논의하는 걸 보니 이 회의는 국민 대표 회의야.

조금 있으면 서로의 목소리가 커지겠네요.

임시 정부를 대신할 새로운 조직을 만드는 것이 좋겠습니다!

무슨 소리입니까? 임시 정부는 유지하고 다른 독립운동 방법을 찾는 것이 옳다고 생각합니다!

설쌤! 저 문제가 중요한 문제일까요? 왜 서로 싸우는거죠?

온달아! 아까처럼 또 나서면 안돼!

잠깐만요! 제 생각에는 지금 서로 싸울 때가 아니라 일본에 맞서는 것이 우선이라고 생각해요!

이런… 온달아…!

한판 정리

✦ 대한민국 임시 정부의 수립과 활동

수립	• 3·1운동 이후 여러 임시 정부를 상하이 임시 정부로 통합 • 우리 역사상 최초의 민주 공화제 정부
활동	• 행정망·연락망 조직: 연통제, 교통국 • 군자금 마련: 독립 공채 발행 • 외교 활동: 구미 위원부 설치 • 기타 : 『독립신문』 발행
위기	• 국민 대표 회의: 창조파 vs 개조파 → 결렬 • 한인 애국단 조직(김구) → 충칭 이동

설쌤의 한국사 스토리텔링

대한민국 임시 정부에 대해 알아봅시다.

더 알아보기

✱ 대한민국 임시 정부는 어떻게 수립되었을까?

3·1 운동의 영향으로 국내외 여러 지역에서 임시 정부가 만들어졌어요. 그중에서 국내의 한성 정부, 연해주의 대한 국민 의회, 상하이의 임시 정부가 가장 큰 영향력을 가지고 있었어요. 이들 세 단체는 독립운동에 대한 방향은 조금씩 달랐지만, 독립을 향한 마음은 다르지 않았어요.

▲ 대한민국 임시 정부

임시 정부를 통합해 힘을 하나로 모아야 한다는 목소리가 점차 커져갔고 그 결과 1919년 9월 세 정부의 뜻을 모은 대한민국 임시 정부가 중국 상하이에서 수립되었습니다. 이렇게 세워진 대한민국 임시 정부는 이후 전개되는 독립운동의 중심적인 역할을 했어요.

대한민국 임시 정부는 우리 역사상 최초의 민주 공화제 정부였어요. 민주 공화제는 국민이 나라의 주인이며, 국민의 의사에 따라 나랏일을 결정한다는 정치 제도를 말해요.

▲ 대한민국 임시 정부 인사들

✱의사
무엇을 하고자 하는 생각

대한민국 임시 정부 헌법(1919. 9.)

제1조　대한민국은 대한 인민으로 조직한다.
제2조　대한민국의 주권은 대한 인민 전체에 있다.
제4조　대한민국 인민은 일체 평등하다.

✳ 대한민국 임시 정부는 어떤 활동을 했을까?

　이렇게 수립된 대한민국 임시 정부는 체계적으로 독립운동을 이끌기 위해 체제*를 정비해 나갔어요. 먼저 국외에 대한민국 임시 정부를 수립한 만큼, 임시 정부와 국내의 독립운동 세력*을 연결할 행정망과 연락망 조직이 필요했어요. 이에 **비밀 행정 조직인 연통제와 통신 기관인 교통국을 설치**해 여러 독립운동 세력을 지휘했죠.

　또한 **대한민국 임시 정부는 독립운동에 필요한 돈을 모으기 위해서 독립 공채를 발행**했어요. 독립 공채는 나라가 독립하면 돈을 갚겠다며 사람들에게 돈을 빌린 후 발급해 준 증명서예요. 많은 사람들이 독립운동에 힘을 보태기 위해 대한민국 임시 정부에 돈을 보내주었답니다.

　대한민국 임시 정부는 **상하이에 위치했다는 점을 활용해 다양한 외교 활동**을 펼치기도 했어요. **미국에 위원부를 설치**하거나 파리 강화 회의에 파견된 김규식을 전권대사*로 임명하는 등 외교 활동으로 한국 문제를 세계에 알리고자 노력했죠.

　이 외에도 **『독립신문』을 발행**해 독립운동 소식을 국내외 동포들에게 알렸답니다.

더 알아보기

*체제
생기거나 이루어진 형식

*세력
어떤 힘을 가진 집단

*전권대사
나라를 대표하여 다른 나라에 파견되어 외교를 맡아보는 최고 직급. 또는 그런 사람

▲ 독립 공채

구미 위원부
1919년에 대한민국 임시 정부가 미국의 워싱턴에 설치한 외교 담당 기관이에요.

그렇단 말이지..?

호외요, 호외!
독립운동 소식이
도착했어요!

* 대한민국 임시 정부는 어쩌다 위기를 맞이하게 되었을까?

*발각
숨기던 것이 드러남

*결렬
회의에서 의견이 합쳐지지
않아 각각 갈라서게 됨

대한민국 임시 정부는 다양한 활동을 펼쳤지만, 일제의 방해로 활동을 이어가기 어려워졌어요. 일제에 의해 연통제와 교통국이 발각되어 자금 조달이 어려워졌지요. 그리고 시간이 지날수록 임시 정부 내부에서도 독립운동의 방향을 두고 여러 사람의 의견이 나뉘었어요.

그래서 대한민국 **임시 정부의 지도자들은 앞으로 임시 정부가 나아가야 할 방향에 대해 의견을 모아보고자 국민 대표 회의를 열었어요**. 하지만 임시 정부를 해체하고 새로운 정부를 만들어야 한다는 창조파와 임시 정부를 유지하되 조직을 정비해야 한다는 개조파의 의견이 대립하였어요. 결국 회의는 의견 차이를 좁히지 못하고 결렬되었고 많은 독립운동가들이 대한민국 임시 정부를 떠났답니다.

남은 지도자들은 새로운 대통령을 뽑고 임시 정부를 다시 재정비해 보려 했지만, 대한민국 임시 정부는 여전히 침체에 빠져 있었어요. 과연 위기에 빠진 대한민국 임시 정부는 이를 극복할 수 있을까요?

✱ 김구는 임시 정부의 침체를 극복하기 위해 무엇을 했을까?

어떻게 하면 임시 정부의 위기를 극복할 수 있을지 고민하던 **김구는 의열 투쟁✱을 위한 한인 애국단을 조직**해 일제에 맞섰어요. **1932년 한인 애국단의 단원인 이봉창과 윤봉길이 의거 활동**을 전개하였고 특히, 윤봉길 의거를 계기로 중국 국민당 정부의 지원을 받게 된 대한민국 임시 정부는 점차 활기를 되찾았어요.

하지만 일제의 감시가 더욱 심해지면서 대한민국 임시 정부는 상하이를 떠나 중국 곳곳으로 근거지를 옮겨 다닐 수밖에 없었어요. **충칭에 정착한 대한민국 임시 정부는 한국 광복군을 조직**하고 본격적인 무장 투쟁을 전개하기도 했답니다.

▲ 대한민국 임시 정부 이동 경로

▲ 김구

✱투쟁
어떤 대상을 이기거나 극복하기 위한 싸움

의열 투쟁
개인이나 소수가 일제의 식민 통치 기관을 폭파하거나 침략 행위에 앞장선 인물들을 사살하는 독립 투쟁 활동을 말해요.

 **초**능력 온달 ⭕ ❌ 퀴즈   이 글의 내용과 일치하면 O표, 일치하지 않으면 X표 해보세요.

❶ 3·1 운동 이후 중국 충칭에서 여러 임시 정부를 통합한 대한민국 임시 정부가 수립되었습니다.   (◯ , ✕)
❷ 국민 대표 회의의 결과 대한민국 임시 정부의 침체가 극복되었습니다.   (◯ , ✕)

초능력 평강 퀴즈

❶ 다음에서 설명하는 단체의 이름을 쓰시오.

> • 김구가 대한민국 임시 정부의 침체 극복을 위해 조직하였다.
> • 단원인 이봉창과 윤봉길이 의거 활동을 전개하였다.

(   )

❷ 대한민국 임시 정부에 대한 내용으로 옳지 <u>않은</u> 것을 고르시오.   (   )

① 연통제를 조직하였다.
② 독립 공채를 발행하였다.
③ 『독립신문』을 발행하였다.
④ 토지 조사 사업을 실시하였다.
⑤ 우리 역사상 최초의 민주 공화제 정부이다.

😵 정답과 해설 4쪽

정답과 해설 4쪽

우리학교 객관식 문제

01 밑줄 친 이 단체를 고르면?

왼쪽 사진은 독립 공채로 이 단체가 훗날 나라가 독립하면 돈을 갚겠다며 사람들에게 돈을 빌린 후 발급해 준 증명서예요.

① 신민회
② 보안회
③ 독립 협회
④ 대한 자강회
⑤ 대한민국 임시 정부

02 다음 중 대한민국 임시 정부의 활동으로 옳은 것을 〈보기〉에서 고른 것은?

| 보기 |

ㄱ. 연통제와 교통국을 운영하였다.
ㄴ. 3·1 운동을 주도하였다.
ㄷ. 독립신문을 발행하였다.
ㄹ. 독립문을 건립하였다.

① ㄱ, ㄴ
② ㄱ, ㄷ
③ ㄴ, ㄷ
④ ㄴ, ㄹ
⑤ ㄷ, ㄹ

우리학교 주관식 문제

03 밑줄 친 '국민 대표 회의' 당시 창조파와 개조파의 주장을 각각 서술하시오.

대한민국 임시 정부의 지도자들은 앞으로 임시 정부가 나아가야 할 방향에 대해 의견을 모아보고자 국민 대표 회의를 열었어요.

• 창조파 : _____

• 개조파 : _____

한국사능력검정시험

04 밑줄 그은 '정부'의 활동으로 옳지 않은 것은?

기본 58회

① 연통제를 실시하였다.
② 독립 공채를 발행하였다.
③ 구미 위원부를 설치하였다.
④ 대한국 국제를 반포하였다.

대한민국 임시 정부가 나아갈 방향을 논의하기 위해 열린 국민 대표 회의에서 창조파와 개조파의 의견 대립이 발생하였습니다. 내가 만약 국민 대표 회의에 참여한다면 창조파와 개조파 중 어떤 의견에 따를 것인지 선택하고 그 이유를 서술해보세요.

배운 내용으로 빈칸 채우기

01 우리 민족을 강제 병합한 일본의 정책

1910년대 무단 통치	1920년대 '문화 통치' (민족 분열 통치)	1930~1940년대 민족 말살 통치
●조선 총독부 설치 ●❶☐병☐찰제☐ ●조선 태형령 ●❷토☐조☐☐업 ●회사령	●보통 경찰 제도 → 경찰 인원 증가 ●❸치☐유☐법 ●산미 증식 계획	●황국 신민화 정책: 황국 신민 서사 암송, 신사 참배, ●❹창☐개☐ ●❺국☐총☐☐법 : 공출제, 징용령, 징병제 등

02 거리에 가득 찬 태극기와 함성, 3·1운동

배경	전개	결과
●윌슨의 ❶민☐☐결주☐ ●일본 유학생들의 2·8 독립 선언서 발표	❷탑☐☐☐원에서 학생 중심의 비폭력 만세 시위 전개 → 전국 주요 도시로 확대 → 농촌으 로 확산 → 국외로 확산	●일제의 통치 방식이 무단 통치에서 이른바 '❸문☐통☐'로 변화 ●❹대☐민☐임☐ ☐부 수립에 영향

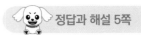
03 드디어 출범한 최초의 민주 정부, 대한민국 임시 정부

수립	전개	위기
우리 역사상 최초의 ❶ 민 ☐ ☐ ☐ 제 정부	● 행정망 조직: 연통제 ● 연락망 조직: ❷ 교 ☐ ☐ ● 외교 활동: 구미에 위원부 설치 ● ❸ 독 ☐ 신 ☐ 발행	● ❹ 국 ☐ ☐ 대 ☐ ☐ 의 : 창조파 vs 개조파 → 결렬 ● 침체를 극복하고자 한인 애국단 결성

" 일제 강점기에 도시 빈민의 삶은 어떠하였을까? "

일제가 1910년대 실시한 토지 조사 사업과 1920년대 시행한 산미 증식 계획으로 농민들의 삶은 어려워졌어요. 토지 조사 사업으로 땅을 빼앗기고, 산미 증식 계획이 시행되는 과정에서 지주들의 횡포에 견디지 못한 농민들은 도시로 향하였어요. 이들은 집을 살 돈이 없어 움집 형태의 토막집을 짓고 살았는데, 당시 이들을 토막민이라고 불렀답니다.

웹툰 작가가 되어 3·1 운동 당시의 모습을 4컷 만화로 그려
보세요.

1

2

3

4

2 " 당하고만 있을 수 없다! 의열 활동과 무장 독립 투쟁 "

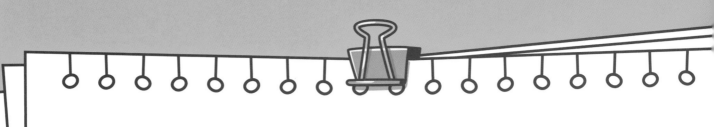

오픈아이

설쌤! 일본에 맞서 싸우는 데 방법이 중요한가요?

독립 운동에는 여러 방법이 있는데 각각 장단점이 있어!

맞아! 이번에는 의열 단체를 만나러 가보자!

설쌤! 그런데 의열 투쟁은 무엇인가요?

의열 투쟁은 소수의 사람들이 암살, 파괴 활동을 수행하는 것을 말한단다.

큰 용기가 필요하겠네요!

선생님, 일본군 경계를 뚫고 행사장에 어떻게 들어가면 좋을까요?

나도 고민이 많네. 폭탄을 들고 들어갈 방법이…

갑자기 배가 고프네…! 먹을 것을 찾아봐야지!

설쌤! 저분들은 윤봉길 의사와 김구 선생님이네요!

맞아! 홍커우 공원 행사장 안에 폭탄을 가지고 갈 방법을 찾고 계신 것 같아!

당신들은 누구시오?

설쌤! 제가 먹을 것을 찾았어요! 여기 도시락과 물통이 있어요!

잠깐! 총 내리게!

도시락과 수통 모양의 폭탄을 만들면 되겠군!

온달아 괜찮아?

애들아! 일단 떠나자!

한판 정리

의열 투쟁의 전개

의열단(1919)	한인 애국단(1931)
• 김원봉을 중심으로 결성 • 지침: 『조선 혁명 선언』 (신채호) • 활동: 박재혁(부산 경찰서), 김익상(조선 총독부), 김상옥(종로 경찰서), 나석주(조선 식산 은행, 동양 척식 주식회사)	• 김구 주도로 상하이에서 결성 • 목적: 대한민국 임시 정부 침체 극복 • 활동: 이봉창(도쿄에서 일왕에게 폭탄 투척), 윤봉길(훙커우 공원 의거)

설쌤의 한국사 스토리텔링

의열 투쟁 활동에 대해 알아봅시다.

더 알아보기

*만행
야만스러운 행위

*무장
전투에 필요한 장비를 갖춤

*암살
몰래 사람을 죽임

✳ 독립운동의 방법에도 여러 가지가 있다고?

일제에 나라를 빼앗긴 이후 수많은 사람들이 나라를 되찾기 위한 독립운동을 펼쳤어요. 일제의 탄압에도 불구하고 모두가 조국의 독립이라는 공통된 목표를 이루기 위해 노력했죠.

독립운동은 다양한 방법으로 전개되었어요. **외교적인 방법**으로 독립운동을 해야 한다고 생각한 사람들은, 일제의 만행을 세계에 알리고 다른 나라의 도움을 받아 독립을 이루자고 주장했어요. 또 어떤 사람들은 **교육과 산업 등을 일으켜 우리의 실력을 먼저 키워야** 독립을 이룰 수 있다고 주장했지요.

무장 투쟁을 생각한 이들은 **독립군 부대를 조직해 총과 칼로써 적극적으로 일제에 맞서야 한다고 주장하며**, 국외에 독립군 기지를 만들고 활발한 활동을 이어갔어요. 한편에서는 개인이나 소수의 사람들이 조직을 결성해, **암살이나 파괴의 방법**으로 독립운동을 했는데 이를 **의열 투쟁**이라고 해요.

✳ '정의를 맹렬하게!' 의열단은 어떤 활동을 했을까?

1919년 **김원봉**은 더 적극적이고 강력한 독립운동이 필요하다고 생각했어요. 그래서 신흥 무관 학교 출신의 여러 동지들을 모아 만주에서 의열단을 만들었어요. 의열단은 '정의로운 일을 맹렬하게 실행한다.'라는 뜻으로, 직접적인 폭력을 통해 일제를 물리치고 독립을 이루려는 목표를 가졌답니다.

의열단 단원들은 **조선 총독부나 경찰서 같은 일제의 식민 통치 기구에 폭탄을 던지고, 일본의 고위 관리나 일제의 침략 행위를 도와준 친일파를 찾아내 암살**하는 등 활발히 활동했어요.

자신의 목숨을 내던진 거침없는 의열단의 활동 지침은 **신채호가 작성한 「조선 혁명 선언」**에 잘 나타나 있답니다.

조선 혁명 선언

우리는 '외교', '준비' 등의 미련한 꿈을 버리고 민중 직접 혁명의 수단을 취함을 선언하노라. ……

폭력은 우리 혁명의 유일 무기이다.

우리는 민중 속에 가서 민중과 손을 잡아 끊임없는 폭력, 암살, 파괴, 폭동으로써 강도 일본의 통치를 타도하고 ……

▲ 김원봉

✳지침
방향과 목적 등을 가리켜 이끄는 길잡이나 방침

의열단 공약 10조 일부
1. 천하의 정의로운 일을 맹렬히 실행하기로 함
2. 조선의 독립과 세계의 평등을 위해 몸과 목숨을 희생하기로 함
7. 언제 어디서나 부름에 반드시 응함

정의를 맹렬하게!!

조선 혁명 선언

김원봉

✱ 일제를 벌벌 떨게 한 의열단 단원들의 활약!

의열단이 만들어진 이후, 의열단 단원들은 대단한 활약을 펼쳤어요. 의열 단원 **박재혁은 부산 경찰서에 폭탄을 던져**, 의열단 최초로 거사[✱]에 성공했어요. 또, **김익상**은 일본인 전기 수리공으로 변장해 조선 총독부에 몰래 들어간 뒤 **조선 총독부 내부에 폭탄을 던져** 건물의 일부를 파괴하고, 유유히 빠져나왔다고 해요.

종로 경찰서에 들어가 폭탄을 던졌던 김상옥은 수백여 명의 일제 경찰들과 총격전을 벌이다 마지막 남은 총알로 스스로 목숨을 끊었어요.

나석주는 우리의 경제를 침탈[✱]하고 한국인을 괴롭히던 **조선 식산 은행과 동양 척식 주식회사에 폭탄을 던지고** 여러 일본인을 향해 총을 쏘았어요.

이 외에도 수많은 의열단 단원들은 의거 활동을 하는 데 자신의 목숨을 아끼지 않았어요. 계속되는 의열단의 활약에 일제와 친일파들은 공포에 벌벌 떨었다고 해요. 일제 강점기 동안 가장 높은 현상금이 걸린 사람도 의열단장 김원봉이었다고 하니, 의열단의 활동이 얼마나 대단했는지 알 수 있겠죠?

✱거사
큰일을 일으킴

▲ 나석주

✱침탈
침범하여 빼앗음

조선 식산 은행과 동양 척식 주식회사
조선 식산 은행은 산미 증식 계획에서 자금 공급을 담당하며, 우리나라에 대한 경제적 침략에 큰 역할을 했어요.
동양 척식 주식회사는 일제가 우리나라의 경제를 독점하고 토지, 자원을 뺏어갈 목적으로 만든 기관이었어요.

✳ 한인 애국단은 어떤 활동을 했을까?

대한민국 임시 정부가 별다른 성과를 내지 못하고 침체에 빠지자, 김구는 의열 투쟁을 통해 위기를 극복하려고 했어요. 김구는 현재의 어려운 상황을 극복하고 일제에 대항하기 위해 1931년 상하이에서 **임시 정부의 새로운 의열 단체인 한인 애국단을 조직**했습니다.

그러던 어느 날, **이봉창**이라는 청년이 김구의 한인 애국단을 찾아왔어요. 일본에서 생활하던 이봉창은 한국인에 대한 차별을 직접 경험하면서, 독립운동에 대한 뜻을 가지고 상하이에 온 것이었어요. 이봉창의 애국심과 독립운동에 대한 의지를 확인한 김구는 이봉창을 도와 거사를 준비했어요. 1932년 1월 이봉창은 일본인으로 위장해 일본으로 건너갔어요. 그의 목표는 바로 일본의 왕 히로히토였지요.

이봉창은 도쿄에서 히로히토 일왕이 이동할 때 그가 탄 마차를 향해 폭탄을 던졌어요. 하지만 폭탄이 마차에 도달하기 전 터져버려 히로히토 일왕을 제거하는 데에는 실패하고 말았어요. 비록 이봉창의 의거는 실패하고 말았지만, 일본의 수도 한복판에서 일왕을 향해 폭탄이 날아온 이 일은 세계에 큰 충격을 주었어요. 심지어 중국의 언론은 이봉창의 의거가 '불행하게도 다른 마차에 맞았다'며 안타까워했다고 해요.

▲ 이봉창

이봉창 의거

도쿄에서 일왕이 탄 마차에 폭탄을 던졌는데 당시 여러 대의 마차가 지나갔고 일왕은 이봉창이 폭탄을 던진 마차가 아닌 다른 마차에 타고 있었어요. 이봉창의 의거 이후 일제는 중국 신문에 보도된 내용을 빌미로 상하이를 기습 공격하여 점령하였고 이를 상하이 사변이라고 해요.

▲ 윤봉길

* 아수라장
싸움이나 그 밖의 다른 일로 큰 혼란에 빠진 곳 또는 그런 상태

* 순국
나라를 위해 목숨을 바침

* 중국 100만 대군도 하지 못한 일을 한 조선 청년이 해내다!

1932년 4월, 일제의 수많은 군인과 관리들이 중국의 상하이로 모였어요. 중국을 차지하기 위해 기회를 엿보던 **일제가 이봉창의 의거 이후 상하이를 점령했고, 이 승리를 축하하기 위한 행사가 상하이 훙커우 공원에서 열릴 예정**이었거든요.

이 소식을 들은 **한인 애국단원 윤봉길**은 조국을 위해 목숨을 바칠 절호의 기회가 왔다고 생각했어요. 미리 준비한 폭탄을 품속에 숨기고 훙커우 공원에 도착한 윤봉길은 행사장에 일본 국가가 울려 퍼지자, 단상을 향해 있는 힘껏 폭탄을 던졌어요. 엄청난 소리와 함께 폭탄이 터진 자리에서 **일본군 대장을 비롯한 많은 사람들이 쓰러져 죽었지요.** 순식간에 행사장을 아수라장으로 만든 윤봉길은 그 자리에서 체포당하고, 결국 순국하였어요.

윤봉길의 의거는 중국인들에게 깊은 인상을 주었으며, 특히 중국 국민당의 지도자인 장제스는 "중국 100만 대군도 하지 못한 일을 조선의 한 청년이 해냈다."라고 말했다고 해요. 이 사건을 계기로 **중국 국민당 정부는 대한민국 임시 정부의 활동을 적극적으로 도와주게 되었답니다.**

초능력 온달 ⭕❌ 퀴즈   이 글의 내용과 일치하면 O표, 일치하지 않으면 X표 해보세요.

➊ 한인 애국단은 신채호의 「조선 혁명 선언」을 활동 지침으로 삼아 활동하였습니다. (◯ , ✕)

➋ 윤봉길의 의거는 중국 정부가 대한민국 임시 정부의 활동을 도와주는 계기가 되었습니다. (◯ , ✕)

초능력 평강 퀴즈

➊ 다음에서 설명하는 단체의 이름을 쓰시오.

- 김원봉 등이 중국에서 조직하였다.
- 단원 김상옥은 종로 경찰서에 폭탄을 투척하였다.
- 단원 나석주는 동양 척식 주식회사에 폭탄을 투척하였다.

(   )

➋ 다음 두 인물이 속한 단체에 대한 내용으로 옳은 것을 고르시오. (   )

이봉창

윤봉길

① 대성 학교를 설립하였다.
② 만민 공동회를 개최하였다.
③ 이토 히로부미를 저격하였다.
④ 김구가 상하이에서 결성하였다.
⑤ 을미사변과 단발령에 반발하였다.

⭐ 정답과 해설 6쪽

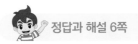 정답과 해설 6쪽

우리학교 객관식 문제

01 다음 자료를 지침으로 활동한 단체에서 활동한 인물로 옳지 <u>않은</u> 것은?

> 〈조선 혁명 선언〉
>
> 우리는 '외교', '준비' 등의 미련한 꿈을 버리고 민중 직접 혁명의 수단을 취함을 선언하노라. …… 폭력은 우리 혁명의 유일 무기이다. 우리는 민중 속에 가서 민중과 손을 잡아 끊임없는 폭력, 암살, 파괴, 폭동으로써 강도 일본의 통치를 타도하고 ……

① 박재혁   ② 김상옥
③ 나석주   ④ 이봉창
⑤ 김익상

02 (가)에 해당하는 인물로 옳은 것은?

> (가) 의 의거는 중국인들에게 깊은 인상을 주었으며, 특히 중국 국민당의 지도자인 장제스는 "중국 100만 대군도 하지 못한 일을 조선의 한 청년이 해냈다."라고 말했다고 해요. 이 사건을 계기로 중국 국민당 정부는 대한민국 임시 정부의 활동을 적극적으로 도와주게 되었어요.

① 신채호   ② 김원봉
③ 윤봉길   ④ 이승만
⑤ 안창호

우리학교 주관식 문제

03 김구가 상하이에서 한인 애국단을 결성한 목적에 대해 서술하시오.

_____

_____

대학수학능력시험

04 (가) 단체에 대한 설명으로 옳은 것은?

2023 수능

> • 3월 다나카 기이치 대장이 상하이에 도착하자 (가) 의 단원인 김익상이 폭탄을 던졌으나 다나카의 생명에는 지장이 없었다. … (중략) … 9월 일본에서 열린 재판에서 검사는 김익상에게 사형을 구형하였다.
> • 내가 종로 경찰서에 들어섰을 때 "식산 은행에 폭탄을 던지고 동양 척식 주식회사에서 권총을 난사했다고?"라는 말이 들렸다. … (중략) … 체포된 범인의 정체를 알고자 일본 경찰이 "네가 (가) 의 일원인 나석주냐?"라고 물으니, 그는 "그렇다."라고 했다고 한다.

① 이인영을 총대장으로 추대하였다.
② 김규식을 파리 강화 회의에 파견하였다.
③ 임병찬이 고종의 밀명을 받아 조직하였다.
④ 지청천의 지휘하에 쌍성보에서 전투를 벌였다.
⑤ 신채호의 조선 혁명 선언을 활동 지침으로 삼았다.

오픈아이

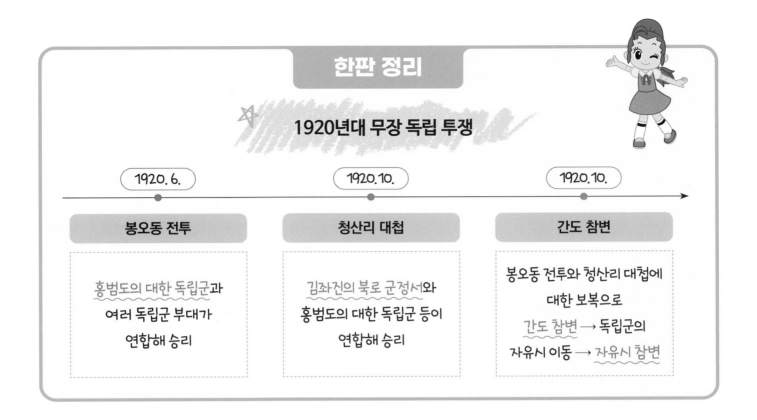

한판 정리

1930~1940년대 무장 독립 투쟁

한·중 연합 작전	조선 의용대	한국광복군
• 배경: 만주 사변 • 한국 독립군(지청천): 쌍성보·대전자령 전투 • 조선 혁명군(양세봉): 영릉가·흥경성 전투	• 김원봉의 주도로 창설 • 중국 관내에서 결성된 최초의 한인 무장 단체 • 일부 세력이 한국광복군에 합류	• 대한민국 임시 정부의 산하 부대 • 총사령관 지청천 • 대일 선전 포고 • 인도·미얀마 전선에서 영국군과 연합 작전 수행 • 미국 전략 정보국(OSS)과 국내 진공 작전 준비

1920년대 무장 독립 투쟁에 대해 알아봅시다.

✱ 3·1 운동 이후 만주의 독립군들은 어떤 활약을 했을까?

일제의 침략이 계속되자 우리 민족은 의병을 조직해 일제에 저항했어요. 하지만 나라를 완전히 빼앗겨 버린 후 더 이상 국내에서 의병 활동을 계속하기 힘들어지자, 만주나 연해주 등으로 건너가 독립군 부대를 조직했어요. 이들은 일제에 맞서 독립을 이루기 위해 군사 훈련을 하고, 일본군을 공격했죠. 3·1 운동 이후 1920년대부터는 만주의 수많은 독립군 부대들이 더욱 적극적으로 무장 독립 투쟁을 전개했답니다.

그러자 일제는 독립군 부대를 없애기 위해 군대를 이끌고 만주로 쳐들어왔어요. 홍범도가 이끄는 대한 독립군과 여러 독립군 부대는 일본군을 봉오동 깊은 골짜기까지 유인했어요. 곧이어 일본군을 포위한 독립군은 일본군을 향해 총을 쏘고 폭탄을 던졌어요. 그 결과 홍범도가 이끄는 독립군 부대는 봉오동 전투에서 일본군을 무찌르고 큰 승리를 거두었답니다. 한국의 독립군 연합 부대가 일본군을 상대로 첫 승리를 거둔 거예요!

더 알아보기

무장 독립 투쟁

3·1 운동 이후 본격적으로 무장 독립 투쟁이 시작되었어요. 여기에는 많은 이유가 있었지만 가장 대표적인 이유는 바로 3·1 운동의 실패였어요. 무장 독립운동을 해야 한다고 주장하는 사람들은 3·1 운동 때 총과 칼을 적극 활용했다면 독립했을 것이라 생각하며 많이 아쉬워하였답니다. 이러한 생각은 1920년대 활발한 무장 독립 투쟁으로 이어졌어요.

1920년 봉오동

홍범도

▲ 홍범도

▲ 김좌진

*밀림
큰 나무들이 빽빽하게 들어선 깊은 숲

*병력
군대의 숫자

*대첩
큰 승리

*동포
같은 나라 또는 같은 민족의 사람을 다정하게 이르는 말

✱ 계속되는 엄청난 승리! 청산리에선 무슨 일이?

봉오동 전투에서 패배한 일본은 자존심이 크게 상했어요. 그래서 이번에는 독립군을 완전히 뿌리 뽑겠다며, 이전보다 더 많은 수의 군대를 만주로 이끌고 와 독립군을 쫓기 시작했어요. 그러자 만주의 독립군 부대는 곧 벌어질 일본군과의 전투를 준비했어요.

이번에는 일본군에 맞서기 위해 김좌진이 나섰어요. **김좌진이 이끄는 북로 군정서와 홍범도의 대한 독립군, 그리고 만주의 여러 독립군 연합 부대는 백두산 부근의 밀림* 지역인 청산리에 모였어요.** 비록 일본군에 비해 무기와 병력*이 매우 부족한 상황이었지만, 독립군은 지형을 활용해 일본군에게 공격을 퍼부었어요. 결국 며칠 동안 계속된 10여 차례의 전투 끝에 독립군은 엄청난 승리를 거두었는데, 이를 **청산리 대첩***이라고 해요.

봉오동 전투와 청산리 대첩에서 거둔 승리는 식민 지배 아래 억압받던 우리 민족에게 희망을 가져다주었어요. 이 승리는 만주 지역에 사는 우리 동포*들의 지지와 도움이 어우러진 결과였답니다.

✳ 독립군의 시련, 간도와 자유시에서 무슨 일이 일어났을까?

봉오동과 청산리에서 크게 패배한 일본군은 이대로 물러서지 않았어요. 만주 지역에 숨어있는 독립군을 모조리 찾아내고, 전투 중에 독립군을 도와주었던 주민들을 찾아내 복수를 시작했어요.

일본군은 약 두 달 동안 만주의 간도 지역에 사는 한국인들을 찾아내 잔인하게 죽이고 마을을 불태웠어요. 이 과정에서 간도로 이주해 땅을 일구고 살아가던 죄 없는 한국인 수천 명이 죽고 마을은 쑥대밭이 되었는데, 이를 **간도 참변**이라고 해요.

간도 참변으로 더 이상 만주에서 활동할 수 없게 된 독립군은 근거지를 옮기기로 하고, **러시아의 자유시로 집결했어요.** 하지만 예상치 못한 일이 일어났어요. 독립군 부대 안에서 싸움이 벌어진 데다가, 러시아 적군의 공격까지 받게 된 거예요. 이 과정에서 많은 독립군이 목숨을 잃게 되었는데, 이를 **자유시 참변**이라고 해요.

만주 일대에서 얻은 엄청난 승리에도 불구하고 간도와 자유시에서 피해를 보며 위기를 맞이하게 된 독립군의 운명은 어떻게 흘러갔을까요?

✳이주
본래 살던 지역을 떠나 다른 지역으로 이동하여 정착함

✳참변
뜻밖에 당하는 끔찍하고 비참한 재앙이나 사고

✳적군
당시 소련에서 내전을 벌이고 있던 적군(적색군)과 백군(백색군) 중 적군을 의미함

설쌤! 간도 참변과 자유시 참변을 들으니 화가 나요!

1930~1940년대 무장 독립 투쟁에 대해 알아봅시다.

 더 알아보기

✳ 중국과 연합한 독립군, 어떤 활동을 했을까?

1931년 일제가 한국을 넘어 중국까지 침략하려는 욕심을 드러내면서 만주 사변을 일으켰어요. 일제가 만주까지 공격하자 위기를 느낀 중국은 한국의 독립군과 연합해 일본군을 물리치고자 했어요. 만주에 흩어져 있던 독립군 역시, 1930년대 초 몇 개의 독립군 부대로 통합되고 있었죠.

만주 사변

일제가 만주를 식민지로 만들어 중국 침공을 위한 전쟁 기지로 삼기 위해 일으킨 사건을 말해요.

북만주 일대에서는 지청천이 이끄는 한국 독립군이, 남만주 일대에서는 양세봉이 이끄는 조선 혁명군이 활약하고 있었어요. 이 두 부대는 각각 중국 부대와 연합해 여러 전투에서 크게 승리했답니다. 대표적으로 **한국 독립군의 쌍성보 전투와 대전자령 전투, 조선 혁명군의 영릉가 전투와 흥경성 전투**가 있어요.

▲ 한·중 연합 작전

■ 독립군과 중국군의 활동 지역
■ 1931년 이전의 일본군 점령지
■ 1932년 일본군 점령지

한국 독립군
(총사령 지청천)   치치하얼
③ 쌍성보 전투(1932)
④ 경박호 전투(1932)
⑤ 사도하자 전투(1933)
⑥ 동경성 전투(1933)
⑦ 대전자령 전투(1933)
조선 혁명군
(총사령 양세봉)
① 영릉가 전투(1932)
② 흥경성 전투(1933)
하얼빈
닝안
블라디보스토크
지린
엔지
창춘
백두산
봉천   무순
동 해
단둥
동북 항일 연군
⑧ 보천보 전투(1937)

한국 독립군과 항일 중국군의 합의 내용

• 한·중 양군은 최악의 상황이 오는 경우에도 장기간 항전할 것을 맹세한다.
• 전시의 후방 전투 훈련은 한국 장교가 맡고 한국군에 필요한 군수품 등은 중국군이 공급한다.

– 한국 광복군 사령부, 『광복』 2 –

✱ 일제를 물리치기 위해 만들어진 조선 의용대와 한국광복군

만주 사변을 일으켰던 일제는 만주에서 그치지 않고 1937년 중국과의 전쟁을 일으켰어요. 그로 인해 중국에서 활동하던 독립군의 상황도 좋지 않았죠.

의열단을 만든 이후 중국에서 활동을 이어가던 김원봉은 우리도 독자적인 부대를 만들어 일본군에 대항해야 한다고 생각했어요. 그는 **조선 의용대라는 부대를 조직**하고, 중국 국민당 정부의 지원을 받으며 활발히 활동했어요. **조선 의용대는 중국 관내에서 조직된 최초의 한인 무장 부대**였답니다.

한편 대한민국 임시 정부는 윤봉길의 의거 이후 일제의 감시를 피해 중국 곳곳으로 근거지를 옮겨 다니다 **충칭에 정착**했어요. 충칭에서 대한민국 임시 정부 역시, 일제를 물리치고 독립을 이루기 위해 정식 군대를 만들어야겠다고 생각했어요. 그래서 **1940년 지청천을 총사령관으로 한 한국광복군을 조직**해 우리 손으로 독립을 이루기 위한 준비를 시작했어요. 이후 김원봉을 비롯한 조선 의용대 일부 대원들이 한국광복군에 합류*하면서 더 큰 세력을 형성했답니다.

▲ 조선 의용대

▲ 한국광복군
왼쪽은 지청천, 오른쪽은 김구이다.

▲ 한국광복군 태극기

＊합류
일정한 목적을 위해 다른 사람, 단체 등이 하나로 합쳐 행동을 같이 함

우리는 중국 관내에서 조직된 최초의 한인 무장 부대!
조선 의용대
김원봉

태평양 전쟁

1941년부터 1945년까지 일본과 미국을 중심으로 태평양과 동아시아에서 일어난 전쟁이에요.

＊선전 포고

한 나라가 다른 나라에 대해 전쟁을 시작한다는 것을 공식적으로 알리는 일

＊ 한국광복군은 어떤 활동을 했을까?

1941년, 일본의 침략은 중국에 그치지 않고 태평양 전쟁을 일으키기에 이르렀어요. **대한민국 임시 정부와 한국광복군은 태평양 전쟁 직후 한 국가의 정부로서 일제와 맞서겠다는 선전 포고＊(대일 선전 포고)를 했어요.** 이는 대한민국 임시 정부가 한국을 대표하는 정부이며 연합국의 일원으로서, 일제와 전쟁을 벌이겠다는 의지를 전 세계에 알린 것이었죠.

실제로 대한민국 임시 정부는 연합국의 일원으로 활약했어요. **영국군과 함께 인도·미얀마 전선에서 연합 작전을 펼쳤으며, 미국의 특수 부대인 미국 전략 정보국(OSS)과 연합해 국내에 진입하려는 작전을 세우기도 했죠.** 하지만 1945년 8월 15일 일본이 갑작스럽게 항복하면서 한국광복군의 국내 진공 작전 계획은 실패하고 말았어요. 김구는 꿈에 그리던 광복을 맞이했지만, 한국광복군의 국내 진공 작전이 무산되어 우리 손으로 독립을 얻어내지 못한 상황에 큰 아쉬움을 표현하기도 했답니다.

 **능력 온달 ⭕❌ 퀴즈** 이 글의 내용과 일치하면 O표, 일치하지 않으면 X표 해보세요.

❶ 홍범도가 이끄는 조선 의용대가 봉오동에서 일본군을 크게 물리쳤습니다. (⭕ , ❌)

❷ 대한민국 임시 정부는 산하 부대로 대한 독립군을 조직하였습니다. (⭕ , ❌)

초능력 평강 퀴즈

❶ 다음에서 설명하는 독립 운동가의 이름을 쓰시오.

> • 무장 독립군인 북로 군정서를 조직하고 총사령관이 되었다.
> • 만주의 청산리 일대에서 일본군과 벌인 여러 차례의 전투에서 크게 승리하였다.

( )

❷ 한국광복군에 대한 설명으로 옳지 <u>않은</u> 것을 고르시오. ( )

① 지청천이 총사령관이었다.
② 일제에 선전 포고를 하였다.
③ 미국과 연합해 작전을 준비하였다.
④ 중국 관내에서 결성된 최초의 한인 무장 단체이다.
⑤ 미얀마 전선에서 영국군과 연합 작전을 수행하였다.

😊 정답과 해설 7쪽

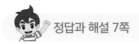

우리학교 객관식 문제

01 다음 〈보기〉의 사실을 순서대로 나열한 것은?

┤ 보기 ├
(가) 봉오동 전투
(나) 간도 참변
(다) 청산리 대첩

① (가) - (나) - (다)   ② (가) - (다) - (나)
③ (나) - (가) - (다)   ④ (나) - (다) - (가)
⑤ (다) - (나) - (가)

02 (가)에 들어갈 독립군 부대를 고르면?

의열단을 만든 이후 중국에서 활동을 이어가던 김원봉은 우리도 독자적인 부대를 만들어 일본군에 대항해야 한다고 생각했어요. 그래서 김원봉은 ⎡ (가) ⎦(이)라는 부대를 조직하고, 중국 국민당 정부의 지원을 받으며 활발히 활동했어요. ⎡ (가) ⎦ 은/는 중국 관내에서 조직된 최초의 한인 무장 부대였답니다.

① 대한 독립군   ② 한국광복군
③ 조선 혁명군   ④ 북로 군정서
⑤ 조선 의용대

우리학교 주관식 문제

03 다음을 읽고 물음에 답하시오.

1) 한·중 연합 작전이 전개된 배경을 쓰시오.
(   )

2) 한·중 연합 작전에 참여한 우리나라 독립군 부대 두 가지를 쓰시오.
(   )

한국사능력검정시험

04 (가) 군대에 대한 설명으로 옳은 것은?
기본 61회

뮤지컬로 역사를 만나다
작전명 **독수리**

"오늘 이 시간부터 아메리카 합중국과 대한민국 임시 정부의 비밀 공작이 시작되었다."

대한민국 임시 정부의 ⎡ (가) ⎦ 와/과 미국의 전략 정보국(OSS)이 합작한 국내 진공 작전, 일명 '독수리 작전'에 대한 이야기를 뮤지컬로 보여 드립니다.

■ 일시: 2022년 ○○월 ○○일 오후 7시
■ 장소: △△문화회관 ◇◇홀

① 고종의 밀지를 받아 조직되었다.
② 조선 혁명 선언을 활동 지침으로 삼았다.
③ 지청천을 총사령관으로 하여 창설되었다.
④ 영릉가 전투에서 한중 연합 작전을 전개하였다.

04 독립을 위해 내건 목숨, 의열단과 한인 애국단

의열단	한인 애국단
●❶ 김 [ ] 봉 을 중심으로 결성 ●지침: ❷「 [ ] 선 혁 [ ] [ ] 언 」 　(신채호) ●활동: 박재혁(부산 경찰서), 김익상(조선 총독부), 김상옥(종로 경찰서), 나석주(조선 식산 은행, 동양 척식 주식회사)	●김구 주도로 상하이에서 결성 ●목적: 대한민국 임시 정부 침체 극복 ●활동 　–❸ [ ] [ ] 창 : 도쿄에서 일왕에 폭탄 투척 　–❹ [ ] 봉 [ ] : 훙커우 공원 의거

05 독립을 위해 든 총과 칼, 무장 독립 투쟁

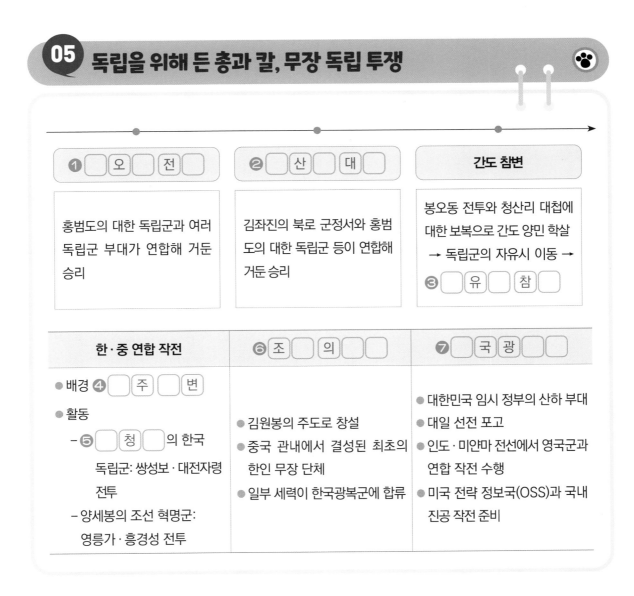

❶ ⬡오⬡전⬡

홍범도의 대한 독립군과 여러 독립군 부대가 연합해 거둔 승리

❷ ⬡산⬡대⬡

김좌진의 북로 군정서와 홍범도의 대한 독립군 등이 연합해 거둔 승리

간도 참변

봉오동 전투와 청산리 대첩에 대한 보복으로 간도 양민 학살
→ 독립군의 자유시 이동 →
❸ ⬡유⬡참⬡

한·중 연합 작전	❻ ⬡조⬡의⬡⬡	❼ ⬡국광⬡⬡
● 배경 ❹ ⬡⬡주⬡변 ● 활동 – ❺ ⬡⬡청⬡의 한국 독립군: 쌍성보·대전자령 전투 – 양세봉의 조선 혁명군: 영릉가·흥경성 전투	● 김원봉의 주도로 창설 ● 중국 관내에서 결성된 최초의 한인 무장 단체 ● 일부 세력이 한국광복군에 합류	● 대한민국 임시 정부의 산하 부대 ● 대일 선전 포고 ● 인도·미얀마 전선에서 영국군과 연합 작전 수행 ● 미국 전략 정보국(OSS)과 국내 진공 작전 준비

설쌤의 지식 오픈!

> ❝
> # 한국광복군의 국내 진공 작전은
> # 왜 이루어지지 못하였을까?
> ❞

한국광복군은 미국 전략 정보국(OSS)과 국내 진공 작전을 위한 특수 훈련을 진행했어요. 이들의 공식 작전명은 '독수리 작전'이었고 작전 개시일은 1945년 8월 20일이었어요. 그러나 작전 개시 전에 일본이 항복하면서 대한민국은 1945년 8월 15일에 광복을 맞이하게 되었어요. 이로써 한국광복군의 국내 진공 작전은 실행에 옮기지 못하게 되었답니다.

윤봉길은 훙커우 공원에 폭탄을 던지는 의거를 성공하였는데요,
윤봉길 의거 당시의 모습을 그림으로 그리고 설명해보세요.

설명

3 " 일제에 맞서기 위해 실력을 키우고 투쟁하다 "

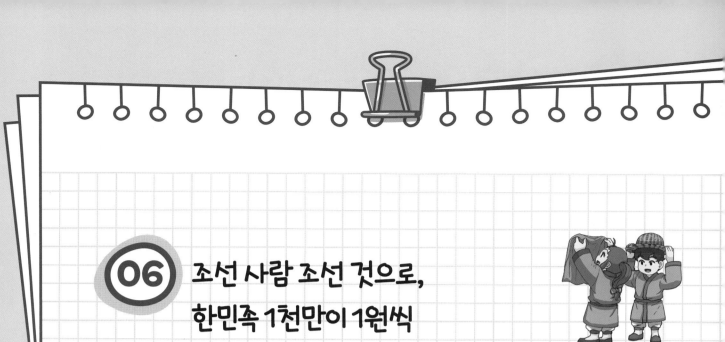
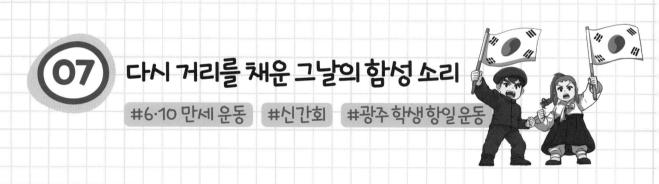
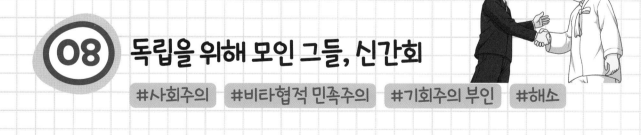

06 조선 사람 조선 것으로, 한민족 1천만이 1원씩

1920년 — 물산 장려 운동
1922년 — 민립 대학 설립 운동

오픈아이

일제 강점기편에서는 로빈이의 활약도 크구나!

로빈아 잘했어!

그래도 너무 위험한 행동은 하면 안돼.

자네 일제가 회사령을 폐지한다는 소식 들었는가?

당연하지.. 외국 기업이 많이 들어와서 우리 상인들의 피해가 커지겠네…

설쌤! 저게 무슨 말인가요?

회사령이 폐지되었다고 하는 것은 이제 회사를 만드는 게 쉬워졌다는 의미야. 실제로 회사령이 폐지되면서 일본 대기업이 우리나라로 진출하게 됐거든.

오! 그러면 일본 음식도 많이 먹을 수 있으니 좋은 거 아닌가요?

아니야 온달아. 우리나라 상인들 입장에서 보면 경쟁 상대가 더 많아지는 셈이잖아. 상인들이 더 힘들어지게 돼…

정말? 설쌤! 그러면 우리가 상인들 물건을 사주는게 어때요?

좋지! 실제로 우리 물건은 우리가 먹고 입고 쓰자는 물산 장려 운동이 전개돼.

안녕하세요! 여기 있는 고무신 다 주세요! 설렘이들 줄 거예요! 계산은 설쌤이 할 거예요!

그래! 계산은 내가 할 테니 돈은 네가 내거라!

한판 정리

 실력 양성 운동의 전개

	물산 장려 운동	민립 대학 설립 운동
배경	회사령 폐지, 관세 철폐의 움직임	일제의 우민화 교육
전개	평양에서 조만식을 중심으로 시작 → 전국 확산	이상재 등 주도 → 민립 대학 설립 기성회 조직
한계	사회주의자의 비판을 받음	일제의 경성 제국 대학 설립으로 실패
구호	'내 살림 내 것으로', '조선 사람 조선 것으로'	'한민족 1천만이 한 사람이 1원씩'

설쌤의 한국사 스토리텔링

실력 양성 운동에 대해 알아봅시다.

더 알아보기

＊단결
많은 사람이 마음과 힘을 한 곳으로 뭉침

＊제국주의
뛰어난 경제력과 군사력으로 다른 나라나 민족을 침략하여 거대한 국가를 건설하려는 정책

＊타도
어떤 대상이나 세력을 쳐서 힘을 잃거나 무너지게 함

사회주의와 민족주의
사회주의는 계급 투쟁과 혁명을 통해 차별 없는 평등 사회를 건설하는 것이 목표인 사상을 의미하고, 민족주의는 민족의 독립과 통일을 가장 중시하는 사상으로, 국가 공동체 형성에 있어서 민족 중심의 결집을 최우선으로 여겨요.

＊ 실력 양성 운동이란 무엇일까?

3·1 운동 이후 국내에 사회주의 사상이 유입되어 사회주의 계열의 독립운동가들이 등장했어요. 한편 사회주의 계열과 반대되는 민족주의 계열 독립운동가들도 존재하였는데 이들의 차이는 무엇일까요? 사회주의자들은 농민·노동자들과 단결하여 지주·자본가 계급을 지원하는 일본 제국주의를 타도해야 한다고 주장하며 대중 운동에 힘썼어요. 이에 반해 민족주의자들은 불법적인 침략자로부터 주권을 되찾아 민족의 독립을 회복하는 것을 궁극적인 목표로 삼았어요. 따라서 민족의 독립을 위해 단결과 실력 양성이 중요하다고 생각하였고, **민족 산업의 육성·교육의 보급과 같은 실력 양성 운동을 추진했어요.**

✳ 물산 장려 운동은 어떻게 시작되었을까?

1920년대 일제가 이른바 '문화 통치'를 시작하면서 회사령을 폐지했어요. 이로 인해 이전보다 한국인들이 자유롭게 회사를 설립할 수 있게 되었죠. 하지만 그만큼 일본의 회사도 더 자유롭게 한국에 진출할 수 있게 되었고, 일본에서 만든 상품들이 물밀듯이 우리나라로 들어오게 되었어요. 게다가 조선 총독부는 일본에서 수입되는 상품의 관세✳를 없애려했답니다.

회사령 폐지와 관세 철폐의 움직임에 따라 우리 민족이 만든 회사의 사정이 어려워지자, 민족주의자들은 우리 힘으로 경제력을 길러야 한다고 생각했어요. 조금 비싸더라도 **우리 민족이 만든 물건을 많이 사서 쓴다면** 한국 회사들이 성장할 것이고, 그러면 한국의 경제를 튼튼하게 해 일제의 경제 침탈에 맞설 수 있다는 거였죠.

물산 장려 운동✳✳은 1920년 평양에서 조만식의 주도로 시작되었어요. '내 살림 내 것으로!', '조선 사람 조선 것으로!'라는 구호가 적힌 포스터 등을 만들어 적극적으로 홍보하였고, 많은 사람들이 호응하며 전국적으로 확대되었답니다.

✳ 관세
수출·수입되거나 통과되는 화물에 대하여 부과되는 세금

✳ 물산
그 지방에서 생산되는 물품

✳ 장려
어떤 일에 힘쓰도록 북돋아 줌

▲ 물산 장려 운동 포스터

물산 장려 운동에 대한 사회주의자의 비판

물산 장려 운동의 선봉이 된 것은 중산 계급이 아닌가. 노동자에게는 이제 새삼스럽게 물산 장려를 말할 필요가 없다. 그들은 자본가, 중산 계급이 양복이나 비단옷을 입는 대신 무명과 베옷을 입었고, …… 저들은 민족적, 애국적 하는 감상적인 말로 노동 계급의 후원을 갈구하는 것이다. 그러나 노동자에게 있어서는 저들도 외래 자본가와 조금도 다를 것이 없다.

– 『동아일보』, 1923. 3. 20. –

＊ 물산 장려 운동의 한계는 무엇일까?

물산 장려 운동은 토산품＊ 사용과 절약, 금주·금연 운동 등을 강조했어요. 하지만 한국 회사의 기술 부족으로 물건을 많이 만들지 못했고, 오히려 물건의 가격이 오르는 부작용이 나타났어요. 일제의 방해로 물산 장려 운동이 계속 유지되기 힘들어지기도 했죠.

그리고 사회주의자들은 물산 장려 운동이 오히려 돈 많은 자본가와 상인에게 이익을 주고 가난한 사람들을 더 살기 힘들게 하는 운동이라며 물산 장려 운동을 비판했답니다.

＊ 민립 대학 설립 운동은 어떻게 시작되었을까?

한편 1920년대에는 일제의 이른바 '문화 통치'로 인해 한국인의 대학 설립이 가능해졌어요. 일제의 우민화＊ 교육 정책을 극복하고 교육을 통해 민족의 실력을 키워야 한다고 생각한 민족주의자들은 우리의 대학을 설립해 수준 높은 교육을 실시해야 한다고 주장했어요. 그래서 민족주의자들은 우리 민족의 대학을 세우기 위해 민립 대학 설립 운동을 추진했답니다.

✳ 민립 대학 설립 운동은 어떻게 시작되었을까?

이상재 등은 민립 대학 설립 기성회라는 단체를 조직해 대학을 설립하기 위한 모금*운동을 전개했어요. '한민족 1천만이 한 사람이 1원씩'이라는 구호를 앞세운 모금 운동이 전국적으로 이루어졌고, 국내뿐만 아니라 국외에서도 많은 기부금이 모여들었어요.

하지만 민립 대학 설립 운동 역시 일제의 방해로 계속되기 힘들었고, 가뭄과 수해*등으로 인해 모금 활동이 어려워졌어요. 또한 일제가 한국인의 대학 설립을 막기 위해 1924년에 경성 제국 대학을 설립하면서 민립 대학 설립 운동은 큰 성과 없이 끝나게 되었답니다.

▲ 민립 대학 설립 기성회

✳모금
기부금이나 성금 등을 모음

✳수해
장마나 홍수로 인한 피해

> 내가 온달이를 방해하는 게 일본이 한 행동과 비슷한가...? 긁적...

이 글의 내용과 일치하면 O표, 일치하지 않으면 X표 해보세요.

❶ 우리 민족이 만든 물건을 이용하여 경제를 발전시키기 위한 운동이 평양에서 시작되었습니다. (O , X)

❷ '내 살림 내 것으로'는 민립 대학 설립 운동의 구호입니다. (O , X)

❶ 다음 자료가 나타내는 민족 운동의 이름을 쓰시오.

> 내 살림 내 것으로! / 보아라! 우리의 먹고 입고 쓰는 것이 다 우리의 손으로 만든 것이 아니었다. …… 입어라! 조선 사람이 짠 것을 / 먹어라! 조선 사람이 만든 것을 / 써라! 조선 사람이 지은 것을 / 조선 사람, 조선 것.

( )

❷ 실력 양성 운동에 대한 설명으로 옳지 않은 것을 고르시오. ( )
① 교육의 발전을 중시하였다.
② 산업의 발전을 강조하였다.
③ 사회주의자의 비판을 받았다.
④ 고등 교육을 위한 대학 설립을 주장하였다.
⑤ 암살이나 파괴의 방법으로 독립운동을 하였다.

😊 정답과 해설 8쪽

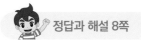
우리학교 객관식 문제

01 다음 자료와 관련된 운동에 대한 설명으로 옳은 것은?

① 나라 빚을 갚기 위해 전개된 운동이다.
② 평양에서 시작되어 전국적으로 확산되었다.
③ 일제의 경성 제국 대학 설립으로 실패하였다.
④ 대한민국 임시 정부가 수립되는 계기가 되었다.
⑤ '한민족 1천만이 한사람이 1원씩'이라는 구호를 내세웠다.

02 다음 자료와 관련된 운동으로 옳은 것은?

이상재 등은 민립 대학 설립 기성회라는 단체를 조직해 대학을 설립하기 위한 모금 운동을 전개했어요. '한민족 1천만이 한 사람이 1원씩'이라는 구호를 앞세운 모금 운동이 전국적으로 이루어졌고, 국내분만 아니라 국외에서도 많은 기부금이 모여들었어요.

① 3·1 운동   ② 국채 보상 운동
③ 물산 장려 운동   ④ 의회 설립 운동
⑤ 민립 대학 설립 운동

우리학교 주관식 문제

03 민족주의 세력이 주장한 실력 양성 운동에 대해 서술하시오.

_____

_____

_____

한국사능력검정시험

04 (가)에 들어갈 민족 운동으로 옳은 것은?

기본 67회

① 브나로드 운동
② 물산 장려 운동
③ 국채 보상 운동
④ 민립 대학 설립 운동

 자유롭게 색칠해 보세요!

한판 정리

 1920년대 청년 운동의 전개

	6·10 만세 운동	광주 학생 항일 운동
배경	일제의 수탈, 식민 교육 등	한·일 학생 간 충돌
전개	순종의 장례식에 맞추어 준비 → 학생 중심 시위 전개	광주 학생들의 시위 → 신간회의 지원으로 전국 확산
의의	신간회 결성의 계기	3·1운동 이후 최대 항일 민족 운동

용감한 학생들의 외침!

설쌤의 한국사 스토리텔링

1920년대 청년 운동에 대해 알아봅시다.

더 알아보기

✳ 3 · 1 운동 이후 독립운동의 중심으로 떠오른 학생들

1919년 전국적으로 3 · 1 운동이 일어난 이후 일제는 무단 통치에서 이른바 '문화 통치'로 통치 방식을 바꾸고, 한국의 경제를 침탈했어요. 여전히 식민 지배 아래 우리 민족의 고통은 계속되고 있었죠.

하지만 3 · 1 운동으로 우리 민족의 힘을 확인한 국민들은 여러 단체를 조직해 독립운동을 이어갔어요. 3 · 1 운동 과정에서 만세 시위를 주도하는 등 중요한 역할을 했던 학생들은 스스로가 항일 운동의 주체임을 깨달았어요. 학생들은 등교나 수업을 거부하고 동맹 휴학을 하는 등 다양한 방법으로 일제의 식민지 교육 정책을 반대했어요.

그리고 국내에 유입된 사회주의 사상을 학생 · 청년들이 수용하면서 조직적인 청년 운동을 전개하기 위한 단체가 결성되었답니다.

✳주체
어떤 일에 적극적으로 나서서 그 일을 주도해 나가는 세력

✳동맹 휴학
어떤 주장을 이루어내기 위해 학생들이 집단으로 한동안 학교를 쉬는 일

✳ 6 · 10 만세 운동은 어떻게 일어났을까?

학생과 청년들의 운동이 활발히 이루어지는 가운데, **1926년 대한 제국의 마지막 황제였던 순종 황제가 세상을 떠났어요.** 전국에서 슬픔에 빠진 사람들이 순종 황제의 장례식을 위해 모여드는 가운데, 독립운동가들은 또 한 번의 3 · 1 운동을 준비하기 시작했어요.

하지만 3 · 1 운동을 겪었던 일제는 감시를 더욱 강화했고, 결국 계획이 발각되어 많은 독립운동가들이 만세 운동을 벌이기도 전에 체포되고 말았어요.

이런 상황에서 순종 황제의 장례식 당일인 6월 10일이 되었어요. **순종 황제의 장례 행렬이 지나고 있을 때, 갑자기 만세 소리가 온 거리에 울려 퍼졌어요.** 일제의 감시에도 불구하고 **만세 운동을 준비한 학생들이 태극기를 들고 거리로 나온 거예요.**

이때 학생을 중심으로 전개된 이 사건을 6 · 10 만세 운동이라고 해요. 6 · 10 만세 운동을 계기로 독립운동가들은 각자 추구하는 사회의 모습이 다르더라도 독립을 위해서는 모두가 힘을 합쳐야 한다는 사실을 깨닫게 되었어요. 그 결과 6 · 10 만세 운동은 **민족주의 세력과 사회주의 세력이 힘을 모아 신간회를 결성하는 데 큰 영향**을 주었답니다.

더 알아보기

민족 유일당 운동

사회주의 세력과 민족주의 세력이 힘을 합치려는 운동을 민족 유일당 운동이라고 해요.

6 · 10 만세 운동 때의 격문

대한 독립 만세!
대한 독립운동가여 단결하라!
군대와 헌병을 철수하라!
동양 척식 주식회사를 철폐하라!
일체의 납세를 거부하자!
일본 물화를 배척하자!
일본인 공장의 직공은 총파업하라!
일본인 지주에게 소작료를 바치지 말자!
언론 · 집회 · 출판의 자유를!

다시 한 번 외치자, 대한 독립 만세!

이제 우리 학생들이 앞장설 때야!

1926년 순종의 장례식

*통학
집에서 학교까지 다님

*댕기
길게 땋은 머리 끝에 드리는 장식용 헝겊이나 끈

*구속
행동이나 의사의 자유를 제한하거나 속박함

학생 독립운동 기념일
11월 3일은 학생들이 일제에 저항한 광주 학생 항일 운동이 일어난 날로, 이를 기념해 11월 3일을 학생 독립운동 기념일로 지정하였어요.

✱ 한국 학생과 일본 학생의 싸움이 대규모 항일 운동으로?

1929년 어느 날, 광주에서 출발해 나주역에 도착한 통학 기차에서 한 한국인 여학생이 걸어 나오고 있었어요. 그때 일본인 학생들이 그 여학생의 댕기를 잡아당기고 기분 나쁜 말을 하며 괴롭히는 일이 일어났어요. **여학생의 사촌동생 박준채가 이 모습을 발견하고 일본인 학생들에게 따졌고, 학생들 사이에 큰 싸움으로 번지게 되었죠.**

싸움이 커지자 결국 일본 경찰이 출동했어요. 하지만 경찰은 일본인 학생의 편을 들고, 한국인 학생들을 구속했어요. 이 소식을 들은 광주 학생들은 크게 분노해 거리로 나와 시위를 벌였어요. 그동안 일제의 식민지 교육 정책에 쌓인 불만이 폭발하고 만 것이에요.

이렇게 시작된 **광주 학생 항일 운동은 점차 광주를 넘어 전국으로 확산되었고, 심지어 만주와 일본까지 퍼져 나갔어요. 신간회가 학생들의 운동이 전국으로 확산될 수 있도록 도와주었고, 학생뿐만 아니라 시민들도 시위에 함께 나서 식민 통치 반대를 외친 덕분에 광주 학생 항일 운동이 크게 확산**될 수 있었답니다.

✳ 광주 학생 항일 운동의 의의는 무엇일까?

더 알아보기

광주 학생 항일 운동은 한·일 학생들 간의 싸움에서 비롯되어 시작은 학생이 주도했지만, 시민과 노동자 등 여러 계층이 참여한 민족적인 운동이었어요. **광주 학생 항일 운동은 3·1 운동 이후 학생들의 주도로 이루어진 최대 규모의 항일 민족 운동**이었답니다.

광주 학생 항일 운동의 전개

광주 학생 항일 운동에는 전국에서 194개 학교, 5만 명 이상의 학생들이 참여했어요. 이 가운데 5,000여 명의 학생들이 구속, 퇴학, 무기정학을 당했답니다. 학생 운동 세력은 이후 각종 대중 운동에 참여했어요.

광주 학생 항일 운동 격문

"학생, 대중이여 궐기하라!
검거된 학생들은 우리 손으로 탈환하자.
언론 결사 집회 출판의 자유를 획득하라.
식민지 교육 제도를 철폐하라."

초능력 온달 ⭕ ❌ 퀴즈
이 글의 내용과 일치하면 O표, 일치하지 않으면 X표 해보세요.

❶ 1926년 고종 황제의 장례식을 계기로 만세 운동이 일어났습니다. (◯ , ✖)

❷ 광주 학생 항일 운동은 3·1 운동 이후 전개된 최대 규모의 항일 민족 운동이었습니다. (◯ , ✖)

초능력 평강 퀴즈

❶ 다음에서 설명하는 사회 운동을 쓰시오.

• 순종의 장례식에 맞추어 계획되었다.
• 학생 단체를 중심으로 전개되었다.
• 민족주의 세력과 사회주의 세력이 힘을 합치게 되는 계기가 되었다.

(   )

❷ 1920년대의 모습으로 옳지 <u>않은</u> 것을 고르시오.

(   )

① 신간회가 결성되었다.
② 토지 조사 사업이 실시되었다.
③ 6·10 만세 운동이 전개되었다.
④ 광주 학생 항일 운동이 일어났다.
⑤ 이른바 '문화 통치'가 시행되었다.

😊 정답과 해설 9쪽

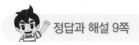
우리학교 객관식 문제

01 다음 자료와 관련된 사건의 결과로 옳은 것은?

순종 황제의 장례식 당일인 6월 10일이 되었어요. 순종 황제의 장례 행렬이 지나고 있을 때, 갑자기 만세 소리가 온 거리에 울려 퍼졌어요. 일제의 감시에도 불구하고 만세 운동을 준비한 학생들이 태극기를 들고 거리로 나온 거예요. 깜짝 놀란 일본 경찰은 만세를 외치는 사람들을 마구 잡아들였지만, 학생들의 항일 의지를 꺾을 수는 없었어요.

① 신간회가 결성되었다.
② 105인 사건이 일어났다.
③ 헌병 경찰제가 시행되었다.
④ 대한민국 임시 정부가 수립되었다.
⑤ 일제가 이른바 '문화 통치'를 실시하였다.

02 다음 자료와 관련된 운동으로 옳은 것은?

"학생, 대중이여 궐기하라!
검거된 학생들은 우리 손으로 탈환하자.
언론 결사 집회 출판의 자유를 획득하라.
식민지 교육 제도를 철폐하라."

① 3·1 운동
② 국채 보상 운동
③ 6·10 만세 운동
④ 광주 학생 항일 운동
⑤ 민립 대학 설립 운동

우리학교 주관식 문제

03 광주 학생 항일 운동의 의의를 서술하시오.

_____

_____

_____

한국사능력검정시험

04 밑줄 그은 '이 운동'에 대한 설명으로 옳은 것은?

기본 60회

1929년, 나주와 광주를 열차로 통학하는 한·일 학생 간에 충돌이 발생하였습니다.
1/3

일제 경찰의 민족 차별에 대항하여 광주의 학생들은 시위를 벌였고, 점차 전국으로 확산되었습니다.
2/3

이 운동을 기억하기 위해 시위가 시작된 11월 3일을 학생 독립운동 기념일로 지정하였습니다.
11.3.
3/3

① 순종의 인산일에 일어났다.
② 통감부의 탄압으로 실패하였다.
③ 국민 대표 회의 개최의 배경이 되었다.
④ 신간회에서 진상 조사단을 파견하였다.

 물산 장려 운동이 전개된 배경과 전개 과정을 쓰고, 한계점을 사회주의자들의 주장에 근거하여 서술하세요.

1927년 신간회 결성
1931년 신간회 해소

오픈아이

한판 정리

신간회의 결성과 활동

	신간회(1927)
배경	• 민족주의 세력의 분열 • 6·10 만세 운동의 영향
결성	사회주의자 + 비타협적 민족주의자
강령	• 우리는 정치적·경제적 각성을 촉구함 • 우리는 단결을 공고히 함 • 우리는 기회주의를 일체 부인함
활동	• 야학 지원, 강연회 개최 • 농민 운동과 노동 운동 지원 • 광주 학생 항일 운동에 조사단 파견

설쌤의 한국사 스토리텔링

신간회에 대해 알아봅시다.

＊양성
실력이나 역량 따위를 길러
서 발전시킴

정우회 선언

민족주의적 세력에 대하여는 그
부르주아 민주주의적 성질을 명
백히 인식하는 동시에 또 과정
적 동맹자적 성질도 충분히 승
인하여, 그것이 타락하는 형태
로 출현되지 아니하는 것에 한
하여 적극적으로 제휴한다.

– 조선일보 –

＊ 사회주의자와 민족주의자는 어떻게 힘을 모으게 됐을까?

1920년대 일제는 이른바 '문화 통치'를 내세웠지만 친일파를 양성하여 우리 민족을 분열시키려는 민족 분열 정책을 펼쳤고, 그 결과 민족주의자 세력이 둘로 나뉘었어요.

이광수, 최린 등 일부 민족주의자들은 우리가 일제보다 실력이 부족한 것을 인정하고 일제가 허용하는 범위 내에서 한국인의 정치적 권리를 인정받아야 한다고 주장했어요. 이들을 일제와의 타협을 주장했다는 뜻에서 **타협적 민족주의자**라고 불러요.

일제의 '문화 통치' 아래 친일 행위를 하는 사람들이 많아지자 독립운동가들은 서로 다른 사상을 가지고 있더라도 힘을 합쳐야 한다는 필요성을 느끼게 되었어요. **일제와 절대 타협할 수 없다는 비타협적 민족주의자들과 사회주의자들은 독립을 이루기 위해 연합해야 한다고 뜻을 모았던 것**이죠.

이러한 분위기 속에서 1926년 **6·10 만세 운동을 준비하던 중 두 세력이 힘을 모을 수 있다는 공감대가 형성**되었고, 이는 신간회 결성으로 이어졌어요.

하나가 되어
일제에 맞섭시다!

✱ 신간회는 어떤 활동을 했을까?

　뜻을 모은 민족주의 세력과 사회주의 세력은 **1927년 신간회를 결성**했어요. 신간회는 **일제 강점기에 국내에서 조직된 항일 단체 중에 가장 큰 규모를 가지**고 있었으며, 일제와의 타협을 거부하는 두 세력이 함께 결성했다는 점에서 큰 의미를 가졌어요. 그럼 신간회의 주장이 담긴 강령✱을 함께 살펴볼까요?

> **신간회 강령**
>
> 1. 우리는 정치적 · 경제적 각성을 촉구함
> 2. 우리는 단결을 공고히 함
> 3. 우리는 기회주의를 일체 부인함

　신간회가 결성되자 수많은 사람들이 지지를 보냈고, 신간회는 전국 각지에 지회를 설치한 단체로 성장했어요. 신간회는 두 세력이 힘을 모아 결성한 만큼 다양한 분야에서 활발한 활동을 이어 나갔어요. 야학이나 강연회를 통해 사람들에게 지식을 전해주고, 일제에 맞서는 농민과 노동자들의 운동을 지원하기도 했어요. 특히 **1929년 광주 학생 항일 운동이 일어나자 광주에 조사단을 파견하고 시위가 전국으로 확산될 수 있도록 적극 지원**했답니다.

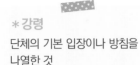

✱강령
단체의 기본 입장이나 방침을 나열한 것

▲ 신간회 결성 포스터

✱야학
정식 교육을 받지 못한 사람을 위한 야간 학교

광주에서 시작된 학생 운동을 전국으로 확대시키자!

✱ 신간회는 왜 해소되었을까?

활발한 활동을 전개하던 신간회에도 위기가 찾아왔어요. 신간회가 광주 학생 항일 운동을 더 널리 알리기 위한 민중 대회를 개최하려고 했는데, 이를 알게 된 일본 경찰이 신간회 지도자들을 체포한 거예요.

일제의 탄압으로 큰 피해를 입은 신간회 회원들 사이에서는 갈등이 일어났어요. 일제와의 타협을 거부하겠다는 신간회 강령과 달리, 신간회의 민족주의자들 사이에서 일제와 타협하려는 움직임이 나타나게 된 거예요. 그러자 사회주의자들은 신간회를 없애고 새로운 사회주의 단체를 만들겠다고 주장했어요. 그리하여 **1931년 신간회는 사회주의자들이 비타협적 민족주의 세력의 반대에도 불구하고 전체 회의를 열어 신간회 해소를 결정하면서 해소**되었답니다.

비록 신간회가 오랫동안 지속되지는 못했지만, **민족주의 세력과 사회주의 세력이 생각의 차이를 넘어 독립이라는 공통된 목표를 위해 협력했다는 점**에서 큰 의의가 있어요.

*해소
단순히 해체하는 것이 아니라 다른 운동 형태로 발전한다는 의미

 이 글의 내용과 일치하면 O표, 일치하지 않으면 X표 해보세요.

❶ 비타협적 민족주의자들은 일제가 허용하는 범위 내에서 민족의 발전을 주장하였습니다. (◯ , ✕)

❷ 광주 학생 항일 운동의 영향을 받아 신간회가 결성되었습니다. (◯ , ✕)

❶ 다음 [   ]에 들어갈 단어를 쓰시오.

> 1920년대 일부 민족주의 세력이 일제와 타협하자는 주장을 펼치자, 비타협적 민족주의자와 사회주의자들이 연합하여 [   ](이)라는 단체를 결성하였다.

(   )

❷ 신간회에 대한 설명으로 옳은 것을 고르시오.

(   )

① 서상돈이 주도하였다.
② 어린이날을 제정하였다.
③ 독립 공채를 발행하였다.
④ 13도 창의군을 조직하였다.
⑤ 광주 학생 항일 운동을 지원하였다.

❀ 정답과 해설 10쪽

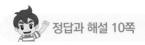
우리학교 객관식 문제

01 다음 자료와 관련된 단체에 대한 설명으로 옳은 것은?

〈□□□ 강령〉
1. 우리는 정치적·경제적 각성을 촉구함
2. 우리는 단결을 공고히 함
3. 우리는 기회주의를 일체 부인함

① 독립문을 건립하였다.
② 독립공채를 발행하였다.
③ 신흥 무관 학교를 설립하였다.
④ 연통제와 교통국을 운영하였다.
⑤ 광주 학생 항일 운동을 지원하였다.

02 다음 중 신간회에 대한 설명으로 옳은 것을 〈보기〉에서 고른 것은?

| 보기 |

ㄱ. 105인 사건으로 해체되었다.
ㄴ. 6·10 만세 운동을 적극 지원하였다.
ㄷ. 기회주의를 배격한다는 강령을 내세웠다.
ㄹ. 사회주의 세력과 비타협적 민족주의 세력이 함께 조직하였다.

① ㄱ, ㄴ   ② ㄱ, ㄷ
③ ㄴ, ㄷ   ④ ㄴ, ㄹ
⑤ ㄷ, ㄹ

우리학교 주관식 문제

03 신간회 결성에 참여한 두 세력을 서술하시오.

_____

_____

_____

한국사능력검정시험

04 (가)에 들어갈 단체로 옳은 것은?
기본 58회

민족 유일당을 만들기 위한 노력의 결과 드디어 우리가 (가) 를 만들었습니다.

맞습니다. 기회주의자를 배제하고 일제에 맞서 함께 싸웁시다.

사회주의 계열

비타협적 민족주의 계열

① 신간회   ② 토월회
③ 대한 광복회   ④ 조선어 학회

배운 내용으로 빈칸 채우기

06 조선 사람 조선 것으로, 한민족 1천만이 1원씩

물산 장려 운동	민립 대학 설립 운동
● 전개: ❶ 평◯◯에서 ❷ ◯만◯을 중심으로 시작 → 전국 확산 ● 한계: 사회주의자의 비판을 받음 ● 구호 – '내 살림 내 것으로' 　　　 – '조선 사람 조선 것으로'	● 전개: ❸ ◯상◯ 등 주도, 민립 대학 설립 기성회 조직 ● 한계: 일제의 ❹ 경◯제◯대◯ 설립으로 실패 ● 구호: '한민족 1천만이 한 사람이 1원씩'

07 다시 거리를 채운 그날의 함성 소리

❶◯·10◯세◯동	❹광◯학◯항◯운◯
● 배경: 일제의 수탈, 식민 교육 등 ● 전개: ❷ 순◯의 장례식에 맞추어 준비 → 학생 중심 시위 전개 ● 의의: ❸◯간◯ 결성의 계기	● 배경: 한·일 학생 간 충돌 ● 전개: 광주 학생들의 시위 → 신간회의 지원으로 전국 확산 ● 의의: 3·1 운동 이후 최대 항일 민족 운동

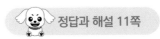

08 독립을 위해 모인 그들, 신간회

배경	6 · 10 만세 운동의 영향
결성	❶ ☐ 회 ☐ 의 자 + ❷ 비 ☐ 협 ☐ 민 ☐ 주 ☐ 자
강령	1. 우리는 정치적 · 경제적 각성을 촉구함 2. 우리는 단결을 공고히 함 3. 우리는 ❸ 기 ☐ 주 ☐ 를 일체 부인함
활동	●야학 지원, 강연회 개최 ●농민 운동과 노동 운동 지원 ●광주 학생 항일 운동에 조사단 파견

설쌤의 지식 오픈!

> ❝
> # 신간회는 왜 '해체'라는 말 대신 '해소'라는 단어를 사용했을까?
> ❞

'해소'라는 말은 단순히 해체하는 것이 아닌 다른 형태의 운동으로 발전한다는 의미로 사용되었어요. 그렇다면 신간회 해소 이후 사회주의 진영과 민족주의 진영은 각각 어떤 방향으로 나아갔을까요? 사회주의 진영은 혁명적 농민·노동조합을 결성해 항일 투쟁을 전개했고, 민족주의 진영은 조선학 운동 등 문화 및 학술 활동에 집중했어요.

광주 학생 항일 운동이 전개될 때 어떤 기사가 신문을 장식했을
까요? 당시의 기자가 되어 기사를 작성해 봅시다.

동아일보

발행일 : 1929년 ○월 ○○일   발행인 :

주요 기사

광고 / 사진(그림)

4 " 우리의 권리와 문화는 우리가 지킨다! "

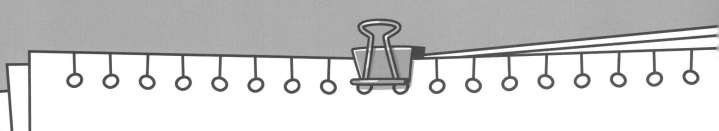

오픈아이

* 백정: 소나 돼지를 잡는 일을 직업으로 하는 사람

한판 정리

사회 운동의 전개

농민·노동 운동	소년 운동	여성 운동	형평 운동
• 농민 운동: 암태도 소작 쟁의 • 노동 운동: 원산 총파업	• 천도교 소년회: 방정환 등이 조직 • 어린이날 제정	• 여성 차별 철폐 주장 • 근우회: 신간회 자매단체	• 백정에 대한 차별 철폐 주장 • 조선 형평사: 진주에서 백정 이학찬이 조직

설쌤의 한국사 스토리텔링

일제 강점기 사회 운동에 대해 알아봅시다.

 더 알아보기

＊지주
토지의 소유자

＊소작료
다른 사람의 농지를 빌려 농사를 지은 대가로 지주에게 내는 사용료

＊쟁의
지주와 소작인 사이 또는 근로자와 사용자 사이에서 일어나는 다툼

＊투쟁
어떤 대상을 이기거나 극복하기 위한 싸움

＊임금
일에 대한 대가로 받는 돈

＊파업
하던 일을 멈춤

＊ 농민과 노동자들의 불만이 폭발하다!

일제가 실시했던 토지 조사 사업과 산미 증식 계획을 기억하시나요? 일제의 경제 침탈로 인해 농민들의 생활은 날이 갈수록 어려워졌어요. 일제가 토지 조사 사업으로 땅을 빼앗아 가고, 산미 증식 계획으로 우리 농촌에서 먹을 쌀을 빼앗아 가버렸거든요. 게다가 새로운 일본인 지주는 높은 소작료와 지주가 부담해야 할 것들을 소작농에게 요구하기까지 했지요.

이를 참다못한 **농민들이 모여 소작료를 낮추기 위한 시위를 벌이기도 했는데, 대표적으로 1923년에 일어났던 암태도 소작 쟁의**가 있어요. 1년 동안 암태도 지역의 소작인들이 모여 투쟁한 결과 소작료를 낮추는 성과를 거두기도 했답니다.

한편 1920년대에 많은 공장이 세워지면서 공장에서 일하는 노동자가 점점 많아졌어요. 하지만 일본인 노동자에 비해 한국인 노동자들은 낮은 임금을 받고 더 긴 시간 동안 일을 하는 등 차별을 받았죠. 그러자 노동자들이 모여 노동자의 권리 보호를 위한 노동 쟁의를 벌였어요.

대표적인 것이 **1929년에 일어났던 원산 총파업으로, 일제 강점기 가장 큰 규모의 노동 운동**이었어요. 원산 총파업은 일본인 감독관이 한국인 노동자를 때린 사건에서 비롯된 것으로, 노동자의 작업 환경을 위한 투쟁을 넘어 항일 투쟁으로까지 확대되었답니다.

세계 여러 국가의 응원과 격려를 받은 원산 총파업

원산 총파업 소식이 알려지자 전국 각지에서 성금과 식량을 보내왔고, 일본의 부두 노동자가 동조 파업을 전개하였어요. 심지어 중국, 소련, 프랑스의 노동자들까지 격려 전문을 보내왔다고 해요. 이러한 응원과 격려에 힘입어 일제 경찰의 탄압에 맞서 4개월이나 투쟁을 지속할 수 있었답니다.

✱ 어린이를 위한 세상, 소년 운동은 어떻게 전개되었을까?

일제 강점기에 아이들은 무시당하기 일쑤였어요. 아이들은 제대로 된 교육을 받기 어려웠고, 공장에 취업해 오랜 시간 동안 노동에 시달리는 등 열악한 환경에서 차별을 받아왔어요.

우리 민족의 미래인 아이들을 소중히 여기고 어른과 똑같은 인격체로서 대해야 한다는 소년 운동은 전 민족의 역량을 키워야 한다는 분위기 속에서 실력 양성 운동의 하나로 일어났어요. 본격적인 소년 운동은 **방정환이 천도교 소년회를 만들면서 시작**되었답니다.

천도교는 동학에서 비롯된 종교로, '아이를 때리는 것은 곧 한울님을 때리는 것이니 아이들을 소중히 다뤄야 한다.'라는 생각을 가지고 있었어요. 천도교의 영향을 받은 방정환이 모든 어린이가 행복하게 자라기를 바라며 소년 운동을 전개했던 것이죠.

방정환은 '어린이'라는 말을 만들어 아이들을 존중하고자 했고, **1922년에는 5월 1일을 '어린이날'로 정했어요**. 그리고 어린이들을 위한 잡지인 『어린이』도 제작했답니다. 시간이 흘러 광복이 된 이후에 5월 1일이었던 어린이날이 5월 5일로 새롭게 바뀌며 지금의 어린이날이 되었어요.

✱**열악**
매우 떨어지고 나쁘다

✱**한울님**
천도교의 신앙 대상

천도교
최제우가 창시한 동학에서 비롯된 민족 종교예요. 동학 농민 운동의 실패 이후 제3대 교주 손병희가 동학 내부의 친일파를 몰아내고 1905년 천도교로 이름을 바꾸었어요.

▲ 어린이날 포스터

✱ 여성 운동은 어떻게 전개되었을까?

1920년대 이후 여성들이 사회에 활발히 진출하면서 여성 노동자의 수가 증가하고 여성의 새로운 직업도 생겨나기 시작했어요. 하지만 여성에 대한 차별이 줄어들기는커녕 더욱 심해졌는데, 바로 일제의 차별 정책 때문이었어요. 일제는 한국 여성들이 재산을 소유할 수 없도록 했으며, 남편의 허락이 있어야만 일을 할 수 있도록 정했어요. 일을 하더라도 남성 노동자보다 적은 임금을 받아야 했죠.

그러자 근대적 교육을 받은 여성들 사이에서 **여성에 대한 차별 철폐를 주장하는 여성 운동**이 활발하게 일어났어요. 특히 **1927년 창립된 근우회**는 여성들의 단결✱과 여성을 위한 교육, 양성평등 등을 주장하며 여성 운동을 주도했답니다.

근우회는 신간회의 창립에 영향을 받아 결성된 신간회의 자매단체✱예요. 근우회도 신간회처럼 민족주의 세력과 사회주의 세력이 모여 만든 통합 단체라는 점에서 의미가 있답니다.

✱단결
많은 사람이 마음과 힘을 하나로 뭉침

✱자매단체
목적과 정신을 같이하며 밀접한 관계를 맺고 있는 단체

▲ 여성 잡지 『근우』와 『여자시론』

근우회 행동 강령
1. 여성에 대한 사회적·법률적 일체 차별 철폐
3. 조혼 폐지 및 결혼의 자유
6. 부인 노동의 임금 차별 철폐 및 산전·산후 임금 지불

✱ 저울처럼 평등한 사회, 형평 운동은 어떻게 전개되었을까?

일제 강점기에 차별받았던 또 다른 계층은 바로 백정이에요. 조선 시대에 백정은 소나 돼지 등 동물을 잡아 파는 일을 했던 사람들을 말해요. 이들은 조선 시대부터 천한 대우를 받으며 차별을 당해왔어요. 갑오개혁으로 신분제가 폐지되면서 백정에 대한 차별도 법적으로 없어졌지만, 여전히 실생활에서는 차별이 사라지지 않고 계속되었어요.

백정들은 자신들에 대한 차별을 없애고 '평평한 저울'과 같은 평등한 사회를 만들기 위해 형평 운동을 전개했어요. 백정 출신 이학찬은 1923년 경상남도 진주에서 조선 형평사라는 단체를 만들고 백정에 대한 평등한 대우를 요구했어요. 점차 전국으로 확대된 조선 형평사는 이후 다른 사회 운동 단체와 연합해 항일 운동을 벌이기도 했답니다.

백정은 어떤 차별을 받았을까?
호적에 '짐승을 잡는 사람'이라는 뜻으로 붉은 점을 찍어 백정 신분을 나타냈고, 백정의 자녀는 학교에 입학하는 것조차 힘들었다고 해요.

▲ 형평 운동 포스터

형평
형평은 균형이 맞음을 뜻하는 단어랍니다.

 이 글의 내용과 일치하면 O표, 일치하지 않으면 X표 해보세요.

1 1920년대 대표적인 소작 쟁의로 암태도 소작 쟁의가 있었습니다. (O , X)
2 근우회에서 어린이날을 제정하였습니다. (O , X)

1 **다음에서 설명하는 사회 운동을 쓰시오.**

- 백정에 대한 차별 철폐를 주장하였다.
- 이학찬이 진주에서 조선 형평사를 조직하였다.

( )

2 **1920년대에 일어난 사실로 옳지 않은 것을 고르시오.**
( )

① 근우회가 결성되었다.
② 어린이날이 제정되었다.
③ 원산 총파업이 일어났다.
④ 한국광복군이 국내 진공 작전을 계획하였다.
⑤ 백정에 대한 차별 철폐를 주장하는 운동이 전개되었다.

😵 정답과 해설 11쪽

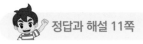
우리학교 객관식 문제

01 다음 자료와 관련된 사회 운동에 대한 설명으로 옳은 것은?

① 신분제 폐지를 주장하였다.
② 천도교 소년회가 주도하였다.
③ 여성에 대한 차별 철폐를 주장하였다.
④ 진주에서 이학찬을 중심으로 전개되었다.
⑤ 3 · 1 운동 이후 최대 규모의 민족 운동이었다.

02 (가)에 들어갈 단어로 옳은 것은?

> 1929년에 일어났던 일제 강점기 가장 큰 규모의 노동 운동으로 (가) 이/가 있어요. 일본인 감독관이 한국인 노동자를 때린 사건에서 비롯된 (가) 은/는 노동자의 작업 환경을 위한 투쟁을 넘어 항일 투쟁으로까지 확대되었답니다.

① 암태도 소작 쟁의   ② 6 · 10 만세 운동
③ 원산 총파업   ④ 형평 운동
⑤ 소년 운동

우리학교 주관식 문제

03 소년 운동, 여성 운동, 형평 운동이 공통적으로 추구한 목표를 서술하시오.

_____

_____

_____

대학수학능력시험

04 다음 자료를 활용한 탐구 활동으로 가장 적절한 것은?

2023 수능

> 귀영이가 서울 간 지 3년 만에, 한 장의 편지가 그의 아버지께 왔다. "아버지 그만 두소, 백정 노릇 마소." 하고 몇 마디 눈물로 섞어 쓴 편지였다. 그것은 귀영이가 고향 학생 친목회에서 '백정의 딸이라'고 쫓겨나던 날 쓴 것이었다. … (중략) … 약한 자의 부르짖음, 서러운 이의 목 놓는 울음! 평안치 않은 곳에는 봉화를 든다.
>
> – 「봉화가 켜질 때에」, 『개벽』, 1925 –

① 도병마사의 기능을 찾아본다.
② 당백전의 발행 계기를 알아본다.
③ 새마을 운동의 성과를 분석한다.
④ 형평 운동의 전개 과정을 살펴본다.
⑤ 5 · 18 민주화 운동의 영향을 조사한다.

 역 사 논 술

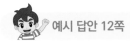 예시 답안 12쪽

 형평 운동이 전개된 배경을 신분제와 연관하여 쓰고, 형평 운동을 주도한
단체와 인물을 완전한 문장으로 서술해 보세요.

오픈아이

* 왜곡: 사실과 다르게 해석함

한판 정리

 민족의 문화를 지키기 위한 노력

	민족 문화 수호 운동
문화유산 보호	전형필: 훈민정음 해례본 등 문화유산 수집
한국사 연구	• 박은식: 『한국통사』 저술(민족의 '혼' 중시) • 신채호: 『독사신론』·『조선상고사』·『이순신전』 등 저술, 「조선 혁명 선언」 작성
한글 연구	• 국문 연구소: 주시경 활동 • 조선어 학회: 표준어와 「한글 맞춤법 통일안」 제정, 「우리말 큰사전」 편찬 시작
저항 시인	• 심훈: 「그날이 오면」 • 이육사: 「광야」, 「절정」 • 윤동주: 「별 헤는 밤」, 「서시」

설쌤의 한국사 스토리텔링

민족 문화 수호 운동에 대해 알아봅시다.

더 알아보기

✱ 우리의 문화유산을 지키기 위해 노력한 그는 누구일까?

일제의 식민 지배가 시작된 이후, 일제는 정치와 경제뿐만 아니라 우리 민족의 문화 역시 짓밟기 시작했어요.

일제는 우리 민족의 역사가 살아 숨 쉬는 많은 문화유산을 빼앗아 일본으로 가져가거나 외국으로 팔아넘겼어요. 그러자 이를 보고 우리 문화유산을 지켜야겠다고 결심한 사람이 있었으니, 바로 **전형필**이었어요. 부잣집에서 태어난 전형필은 자신의 전 재산을 쏟아 일제가 빼앗아 간 우리 문화유산을 수집*하기 시작했어요.

이렇게 전형필이 지킨 문화유산 중에는 **한글의 창제 원리가 담긴 훈민정음 해례본**이 있어요. 전형필이 일제의 감시를 피해 필사적으로 지켜낸 덕분에 한글이 얼마나 우수한 글자인지 전 세계 사람들이 알 수 있었던 것이죠.

이 외에도 전형필은 고려청자, 신윤복·김홍도 등의 그림, 불상 등 수많은 문화유산을 지켜냈어요. 이렇게 모은 문화유산은 **전형필의 호를 딴 간송 미술관에 보관**되어 현재의 우리에게도 전해지고 있답니다.

✱수집
여러 가지 물건을 찾아 모음

▲ 훈민정음 해례본

✱ 한국사 연구는 어떻게 이루어졌을까?

일제는 한국을 더욱 철저하게 지배하고 식민 통치를 정당화하기 위해 한국사를 왜곡했어요. 우리 민족은 스스로 할 수 있는 일이 없어 외국의 도움을 받아 왔으며, 더 이상 발전하지 못하고 멈춰있는 조선을 일본이 발전하게 해 주었다는 등으로 한국사를 다르게 해석한 거예요.

몇몇 역사학자들은 이러한 일제의 역사 왜곡이 부당하다는 것을 알리기 위해 한국사를 연구했어요. 특히 민족주의 역사학자들은 독립운동의 한 부분으로서 우리 민족의 정신을 되찾기 위해 한국사를 연구했어요.

박은식은 **일제의 침략 과정을 담은 『한국통사』를 쓰고, 민족의 '혼'을** 지키면 나라를 되찾을 수 있다고 말했어요.

또 다른 민족주의 역사학자인 **신채호**는 **『독사신론』**을 통해 민족을 역사의 중심에 두었고, **『조선상고사』**를 통해 고조선에서 삼국 시대에 이르는 고대사를 연구했어요. 또 **『이순신전』 등 나라를 구한 영웅들의 전기**를 써서 한국인의 애국심을 높이고 독립을 향한 의지를 불러일으키고자 했지요. 신채호는 **의열단의 활동 지침인 「조선 혁명 선언」**을 저술하기도 했답니다.

✱왜곡
사실과 다르게 해석하거나 그릇되게 함

▲ 박은식

✱전기
한 사람의 일생 동안의 행적을 적은 기록

▲ 신채호

✷ 한글 연구는 어떻게 이루어졌을까?

일제는 역사와 함께 우리 민족의 정신을 담고 있는 우리 말과 글도 사용하지 못하게 했어요. 학교에서는 일본어 교육을 강화하고, 한글이 아닌 일본어를 사용하도록 강요했죠. 그러자 국어학자들은 한글을 연구하고 사람들에게 보급하는 등 우리 말과 글을 지키기 위해 노력했어요.

대한 제국 시기부터 우리말을 연구하고 보급하는 데 앞장섰던 **주시경**은 나라를 일으켜 세우기 위해 한글 연구가 꼭 필요하다고 생각했어요. 한글을 체계적으로 정리하기 위한 주시경의 노력으로 **1907년에 국문 연구소**가 생겼고, 주시경은『말의 소리』·『국어문법』등의 책을 편찬하기도 했어요.

시간이 흘러 일제 강점기에는 주시경의 제자들이 모여 한글 연구를 계속해 나갔어요. 조선어 연구회의 뒤를 이은 **조선어 학회는 한글 사용의 기준을 정하기 위해 표준어와「한글 맞춤법 통일안」을 제정**했어요. 또한 이를 바탕으로 『**우리말 큰사전**』 편찬 작업을 시작했어요.

하지만 일제는 조선어 학회의 활동을 매우 못마땅하게 생각했어요. 결국 일제는 조선어 학회 회원들을 체포하고 고문해 조선어 학회를 강제로 해산시켰고(조선어 학회 사건),『우리말 큰사전』의 편찬은 중단되고 말았어요.『우리말 큰사전』은 광복 이후에 완성되었답니다.

✷편찬
여러 가지 자료를 모아 체계적으로 정리하여 책을 만듦

조선어 연구회
1921년에 설립된 한글 연구 기관으로 '가갸날(한글날)'을 제정했어요.

역사는 아는 만큼 보이는군. 나도 설박사한테 역사를 배울까?

✴ 한 편의 시에 독립을 노래하다, 저항 문학!

일제 강점기에 활동했던 작가들은 다양한 문학 작품을 남겼어요. 그중에는 일제의 침략을 찬양하는 친일 문학 작품이 등장하기도 했지만, 반대로 **독립을 향한 간절한 염원과 항일 의지를 담은 저항 문학 작품**이 발표되기도 했답니다.

심훈이 지은 「그날이 오면」이라는 시에서는 광복이 오는 그날을 간절히 바라는 작가의 소망이 표현되어 있어요. 독립운동을 하다가 감옥에 갇혔을 때의 수감번호를 따서 이름을 지은 **이육사[*]는 「광야」·「절정」**이라는 시를 통해 일제를 향한 저항 정신을 고스란히 표현했죠. 일본 유학 중에 독립운동을 했다는 죄로 체포되어 목숨을 잃은 **윤동주는 「별 헤는 밤」·「서시」** 등의 작품을 통해 어두운 현실에 대한 슬픔과 고뇌를 표현했어요.

이렇게 나라를 빼앗겼다는 어두운 현실 속에서도 희망을 잃지 않고 시로써 독립 의지를 표현한 저항 시인들! 이들이 남긴 시를 읽어보며 당시 우리 민족의 아픔과 소망을 떠올려 볼까요?

✴이육사
이육사의 본명은 이원록이에요.

윤동주의 「서시」
죽는 날까지 하늘을 우러러
한 점 부끄럼이 없기를,
잎새에 이는 바람에도
나는 괴로워했다.
별을 노래하는 마음으로
모든 죽어 가는 것을 사랑해야지.
그리고 나한테 주어진 길을
걸어가야겠다.
오늘 밤에도 별이 바람에 스치운다.

초능력 온달 ⭕❌ 퀴즈
이 글의 내용과 일치하면 O표, 일치하지 않으면 X표 해보세요.

❶ 박은식은 일제의 침략 과정을 정리한 『한국통사』를 저술하였습니다. (O , X)

❷ 이육사는 「별 헤는 밤」, 「서시」 등의 시를 남겼습니다. (O , X)

초능력 평강 퀴즈

❶ 다음에서 설명하는 인물을 쓰시오.

- 민족주의 역사학자로 『독사신론』을 편찬하였다.
- 『이순신전』 등 영웅들의 전기를 저술하였다.
- 의열단의 활동 지침인 「조선 혁명 선언」을 작성하였다.

( )

❷ 조선어 학회의 활동으로 옳은 것을 고르시오.

( )

① 방정환이 조직하였다.
② 물산 장려 운동을 주도하였다.
③ 한글 맞춤법 통일안을 제정하였다.
④ 미국과 국내 진공 작전을 준비하였다.
⑤ 광주 학생 항일 운동에 조사단을 파견하였다.

✿ 정답과 해설 13쪽

초능력 Level up 문제

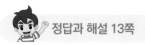
정답과 해설 13쪽

우리학교 객관식 문제

01 (가)에 해당하는 인물로 옳은 것은?

> [(가)] 은/는 일제의 침략 과정을 담은 『한국통사』를 쓰고, 민족의 '혼'을 지키면 나라를 되찾을 수 있다고 말했어요.

① 박은식　　　　② 신채호
③ 전형필　　　　④ 이육사
⑤ 윤동주

02 〈보기〉의 내용 중 조선어 학회에 대한 설명으로 옳은 것을 고르면?

> ──── 보기 ────
> ㄱ. 만민 공동회를 개최하였다.
> ㄴ. 한글 맞춤법 통일안을 제정하였다.
> ㄷ. 『우리말 큰사전』을 편찬하기 시작하였다.
> ㄹ. 의열단의 활동 지침인 「조선 혁명 선언」을 작성하였다.

① ㄱ, ㄴ　　　　② ㄱ, ㄷ
③ ㄴ, ㄷ　　　　④ ㄴ, ㄹ
⑤ ㄷ, ㄹ

우리학교 주관식 문제

03 (가), (나)에 해당하는 인물을 쓰시오.

> [(가)] 이/가 지은 「그날이 오면」이라는 시에는 광복이 오는 그날을 간절히 바라는 작가의 소망이 표현되어 있어요. 일본 유학 중에 독립운동을 했다는 죄로 체포되어 목숨을 잃은 [(나)] 은/는 「별 헤는 밤」·「서시」 등의 작품을 통해 어두운 현실에 대한 슬픔과 고뇌를 표현했어요.

(가) :　　　　　　　(나) :

한국사능력검정시험

04 (가)에 해당하는 인물로 옳은 것은?

기본 61회

> 이 시는 일제 강점기 민족 저항 시인 [(가)] 의 대표적인 작품입니다. 그는 조선은행 대구 지점 폭파 사건에 연루되어 수감 생활을 하던 당시의 수인 번호를 따서 호를 지었습니다. 이제 그의 시를 노래로 만나 보겠습니다.

① 심훈
② 윤동주
③ 이육사
④ 한용운

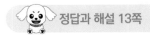
09 차별 없는 세상, 우리의 권리를 지키자!

농민·노동 운동	●농민 운동: ❶ ☐ 태 ☐ 소 ☐ ☐ 의 ●노동 운동: 원산 총파업
소년 운동	●❷ ☐ 정 ☐ 의 천도교 소년회 주도 ●어린이날 제정
여성 운동	●여성 차별 철폐 주장 ●❸ 근 ☐ 회 : 신간회 자매 단체
형평 운동	●백정에 대한 차별 철폐 주장 ●❹ 조 ☐ 형 ☐ ☐ : 진주에서 백정 이학찬이 조직

10 역사를 잊은 민족에게 미래는 없다, 민족 문화 수호 운동

문화유산 보호	●❶ ☐ 형 ☐ : 훈민정음 해례본 등 문화유산 수집
한국사 연구	●❷ 박 ☐ ☐ : 『한국통사』 저술(민족의 '혼' 중시) ●신채호 : 『독사신론』·『조선상고사』·『이순신전』 등 저술, 「조선 혁명 선언」 작성
한글 연구	●국문 연구소 : 주시경 활동 ●❸ 조 ☐ ☐ ☐ 회 : 표준어와 「한글 맞춤법 통일안」 제정, 『우리말 큰사전』 편찬 시작
저항 시인	●심훈: 「그날이 오면」 ●이육사: 「광야」, 「절정」 ●❹ 윤 ☐ ☐ : 「별 헤는 밤」, 「서시」

"나라도 없는 주제에 골동품을 모은다고 손가락질 받은 전형필"

우리 문화유산을 지키기 위해 노력했던 전형필은 고려청자를 사기 위해 일본으로 향했어요. 그곳에서 영국인 변호사를 만나 고려청자를 구매했고, 무사히 한국으로 가져왔어요.

그런데 당시 우리나라 사람들은 전형필을 향해 '나라도 없는 주제에 골동품을 모으는 놈'이라고 손가락질하기도 했어요. 그러나 전형필은 아랑곳하지 않고 아버지로부터 물려받은 전 재산으로 문화유산을 수집했어요. 이러한 전형필의 노력으로 일제 강점기 때 국외로 빠져나갈 위기에 처한 수많은 문화유산을 지킬 수 있었답니다.

▲ 훈민정음 해례본

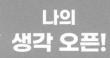
나의
생각 오픈!

 심훈, 이육사, 윤동주처럼 시인이 되어 일제에 저항하는 내용이
담긴 나만의 시를 지어 보세요.

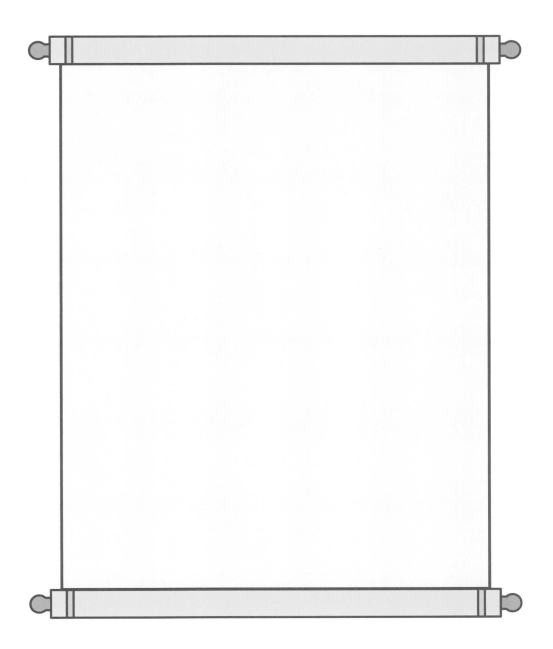

미래의 나에게 편지를 써봐

에게

설민석의 초등 한국사 ⑤

정답과 해설

오픈아이

설민석의 초등 한국사 ⑤

정답과 해설

5권 일제 강점기편

1 일제의 강압적인 통치에 맞선 3·1 운동과 대한민국 임시 정부

01 우리 민족을 강제 병합한 일본의 정책

초능력 온달 OX 퀴즈 ❶ O ❷ X 1930~1940년대에 일제가 황국 신민 서사 암송을 강요하였다.

초능력 평강퀴즈 ❶ 산미 증식 계획 ❷ ①

1. 1920년대 일제는 한국 내 쌀 생산량을 늘리기 위해 산미 증식 계획을 실시하였다.

2. 황국 신민 서사 암송이 강요된 1930~1940년대에 일제는 창씨 개명을 강요하였다.

초능력 Level up 문제

01 ⑤

02 ④

03 **예** 헌병 경찰 제도에서 보통 경찰 제도로 바꾸었지만, 이전보다 보통 경찰의 수를 늘려 한국인을 탄압하였다.

04 ④

01 토지 조사 사업

정답 찾기

⑤ 1910년대 일제는 한국인의 토지를 빼앗기 위해 정해진 기간 내에 조선 총독부에 토지를 신고하도록 하는 토지 조사 사업을 실시하였다.

오답 피하기

① 1910년대 무단 통치기에 일제는 한국인이 회사를 차리기 전에 조선 총독부의 허락을 받아야 한다는 회사령을 제정하였다.

② 1910년대 무단 통치기에 일제는 조선 태형령을 내려 한국인에게만 태형을 적용하였다.

③ 1930~1940년대 민족 말살 통치기에 일제는 신사 참배를 강요하였다.

④ 1920년대 일제는 한국의 쌀 생산량을 늘리기 위해 산미 증식 계획을 실시하였다.

02 산미 증식 계획

정답 찾기

④ 산미 증식 계획으로 한국 내 쌀 생산량이 증가하기는 했지만, 일제가 증가량보다 더 많은 양의 쌀을 가져가 한국인의 식량 사정이 더욱 악화되었다.

오답 피하기

① 3·1 운동의 결과 일제의 통치 방식이 무단 통치에서 이른바 '문화 통치'로 변화하였다. 이에 따라 헌병 경찰제에서 보통 경찰제로 바뀌었지만, 오히려 경찰의 수는 더욱 증가하였다.

② 1930~1940년대 민족 말살 통치기에 우리말 사용이 금지되었다.

③ 1920년대 일제는 치안 유지법을 제정하여 독립운동가들을 탄압하였다.

⑤ 1930~1940년대 민족 말살 통치기에 일제는 황국 신민 서사 암송을 강요하였다.

03 민족 분열 통치

3·1 운동의 결과 일제는 통치 방식을 무단 통치에서 이른바 '문화 통치'로 바꾸었다. 한국인에 대한 감시를 완화한다면서 헌병 경찰을 보통 경찰로 바꾸었지만, 오히려 이전보다 보통 경찰의 수를 늘려 사실상 한국인을 더욱 탄압하였다.

04 1930~1940년대 민족 말살 통치

자료 분석

'중일 전쟁 이후', '창씨개명을 강요' 등을 통해 밑줄 그은 '이 시기'가 1930~1940년대 민족 말살 통치기임을 알 수 있다.

정답 찾기

④ 1910년대 무단 통치기에 회사령이 공포되었다.

오답 피하기

① 1930~1940년대 민족 말살 통치기에 일제는 침략 전쟁을 위한 공출제를 실시하였다.

② 1930~1940년대 민족 말살 통치기에 일제는 황국 신민 서사 암송을 강요하였다.
③ 1930~1940년대 민족 말살 통치기에 일제는 국민 징용령을 실시하였다.

02 거리에 가득 찬 태극기와 함성, 3·1 운동

초능력 온달 OX 퀴즈 ❶ X 도시에서 시작된 3·1 운동은 점차 농촌으로 확대되었다. ❷ X 3·1 운동의 결과 일제의 통치 방식이 이른바 '문화 통치'로 변화하였다.

초능력 평강퀴즈 ❶ 3·1 독립 선언서(기미 독립 선언서) ❷ ⑤
1. 3·1 독립 선언서(기미 독립 선언서)의 일부이다.
2. 3·1 운동의 결과 대한민국 임시 정부가 수립되었다.

초능력 Level up 문제

01 ②
02 ①
03 예 시위가 농촌으로 확산되며 점차 폭력적인 모습을 보였다.
04 ③

01 3·1 운동의 배경

정답 찾기
② ㄱ. 제1차 세계 대전 이후 미국 대통령 윌슨이 주장한 민족 자결주의는 3·1 운동의 배경이 되었다.
ㄹ. 1919년 일본 도쿄 유학생들이 외친 2·8 독립 선언은 3·1 운동이 일어나는 배경이 되었다.

오답 피하기
ㄴ. 3·1 운동의 결과 대한민국 임시 정부가 수립되었다.
ㄷ. 1938년 일제는 국가 총동원법을 제정하였다.

02 3·1 운동의 결과

자료 분석
제시된 자료는 3·1 운동 당시 발표된 3·1 독립 선언서(기미 독립 선언서)이다.
정답 찾기
① ㄱ. 3·1 운동의 결과 일제의 통치 방식이 무단 통치에서 이른바 '문화 통치'로 변화하였다.
ㄴ. 3·1 운동의 결과 대한민국 임시 정부가 수립되었다.

ㄷ. 1910년대 일제가 무단 통치를 시작하면서 헌병 경찰제가
시행되었다.

ㄹ. 1910년대 무단 통치기에 일제가 한국인의 토지를 빼앗기
위해 토지 조사 사업을 시행하였다.

03 3·1 운동의 성격 변화

3·1 운동은 도시에서 시작되었지만, 농촌으로 확산되었다.
이 과정에서 비폭력 만세 시위가 점차 폭력적인 성격으로 변화
하였다.

04 3·1 운동

자료 분석
'스코필드', '제암리 학살 사건', '1919년' 등을 통해 밑줄 친
'만세 시위'가 3·1 운동임을 알 수 있다.

정답 찾기
③ 3·1 운동은 대한민국 임시 정부 수립의 계기가 되었다.

오답 피하기
① 1926년에 일어난 6·10 만세 운동은 순종의 인산일에 전개
되었다.

② 1907년 전개된 국채 보상 운동은 대한매일신보의 후원을
받아 전국으로 확산되었다.

④ 신간회는 1929년 발생한 광주 학생 항일 운동에 진상 조사단
을 파견하여 지원하였다.

03 드디어 출범한 최초의 민주 정부, 대한민국 임시 정부

초능력 온달 OX 퀴즈 ❶ X 중국 상하이에서 대한민국 임시 정
부가 수립되었다. ❷ X 국민 대표 회의가 결렬되며 대한민국
임시 정부의 침체는 계속되었다.

초능력 평강퀴즈 ❶ 한인 애국단 ❷ ④

1. 1931년 김구는 의열 단체인 한인 애국단을 조직하였다.

2. 1910년대 일제는 한국인의 토지를 빼앗기 위해 토지 조사
사업을 실시하였다.

초능력 Level up 문제

01 ⑤

02 ②

03 예 창조파 : 임시 정부를 해체하고 새로운 정부를 만들어
야 한다. / 개조파 : 임시 정부를 유지하되 조직을 정
비해야 한다.

04 ④

01 대한민국 임시 정부

자료 분석
독립 공채는 대한민국 임시 정부가 독립운동에 필요한 돈을
확보하기 위해 발행한 것이다. 따라서 밑줄 친 '이 단체'는
대한민국 임시 정부이다.

정답 찾기
⑤ 대한민국 임시 정부는 독립 공채를 발행하고 『독립신문』
을 발행하는 등의 활동을 하였다.

오답 피하기
① 신민회는 안창호 등이 1907년에 결성한 비밀 결사 조직
이다.

② 보안회는 1904년에 설립되어 일제의 황무지 개간권 요구
저지 운동을 전개하였다.

③ 서재필이 창립한 독립 협회는 민중 계몽을 위한 강연회와
토론회를 개최하였다.

④ 대한 자강회는 1906년에 결성되어 고종 황제의 강제 퇴위
반대 운동을 전개하다가 일제의 탄압으로 해산되었다.

02 대한민국 임시 정부

정답 찾기

② ㄱ. 대한민국 임시 정부는 행정망인 연통제와 연락망인 교통국을 운영하여 국내의 독립운동 세력과 연결하였다.
ㄷ. 대한민국 임시 정부는 『독립신문』을 발행해 독립운동 소식을 국내외 동포들에게 알렸다.

오답 피하기

ㄴ. 3·1 운동의 결과 대한민국 임시 정부가 조직되었다.
ㄹ. 독립 협회의 주도로 독립문을 건립하였다.

03 국민 대표 회의

대한민국 임시 정부의 지도자들은 임시 정부가 나아가야 할 방향을 의논하고자 국민 대표 회의를 열었다.
• 창조파: 임시 정부를 해체하고 새로운 정부를 만들어야 한다.
• 개조파: 임시 정부를 유지하되 조직을 정비해야 한다.

04 대한민국 임시 정부

자료 분석

'3·1 운동을 계기로 수립된 정부'를 통해 밑줄 친 '정부'가 대한민국 임시 정부임을 알 수 있다.

정답 찾기

④ 대한국 국제는 대한 제국이 반포한 헌법이다.

오답 피하기

① 대한민국 임시 정부는 연락망인 연통제를 운영하였다.
② 대한민국 임시 정부는 독립운동에 필요한 돈을 모으기 위해 독립 공채를 발행하였다.
③ 대한민국 임시 정부는 외교 활동을 위해 미국에 구미 위원부를 설치하였다.

역 사 논 술

예시 답안

• 창조파의 의견을 따를 것이다. 왜냐하면 대한민국 임시 정부는 활동 자금을 모으기 위해 만든 연통제와 교통국도 발각되었고, 활동에 대한 성과도 크게 없었기 때문에 완전히 새로운 단체를 만들어서 다른 방법을 찾는 것이 좋다고 생각한다.
• 개조파의 의견을 따를 것이다. 왜냐하면 또 다시 새로운 단체를 만들려면 노력과 시간이 걸릴 수 있기 때문에 대한민국 임시 정부는 유지하면서 기존에 있었던 문제점을 고쳐나가는 것이 낫다.

🐶 배운 내용으로 빈칸 채우기

01 우리 민족을 강제 점령한 일본의 정책
① 헌병 경찰 제도 ② 토지 조사 사업 ③ 치안 유지법
④ 창씨개명 ⑤ 국가 총동원법

02 거리에 가득 찬 태극기와 함성, 3·1 운동
① 민족 자결주의 ② 탑골 공원 ③ 문화 통치
④ 대한민국 임시 정부

03 드디어 출범한 최초의 민주 정부, 대한민국 임시 정부
① 민주 공화제 ② 교통국 ③ 독립신문
④ 국민 대표 회의

2 당하고만 있을 수 없다! 의열 활동과 무장 독립 투쟁

04 독립을 위해 내건 목숨, 의열단과 한인 애국단

초능력 온달 OX 퀴즈　❶ X 신채호의 「조선 혁명 선언」은 의열단의 활동 지침이다.　❷ O

초능력 평강퀴즈　❶ 의열단　❷ ④

1. 김원봉 등이 의열 단체인 의열단을 결성하였다.
2. 이봉창, 윤봉길은 한인 애국단 단원이다. 한인 애국단은 김구가 상하이에서 결성하였다.

초능력 Level up 문제

01 ④
02 ③
03 **예** 김구는 대한민국 임시 정부의 침체를 극복하고자 한인 애국단을 조직하였다.
04 ⑤

---

01 의열단 활동 인물

자료 분석
신채호의 「조선 혁명 선언」을 활동 지침으로 삼은 단체는 의열단이다.

정답 찾기
④ 이봉창은 한인 애국단의 단원이다.

오답 피하기
①, ②, ③, ⑤ 박재혁, 김상옥, 나석주, 김익상은 의열단의 단원이다.

02 윤봉길

정답 찾기
③ 한인 애국단 소속 윤봉길은 상하이 홍커우 공원에 폭탄을 던지는 의거를 벌였다. 이는 중국 국민당 정부가 대한민국 임시 정부를 적극적으로 도와주는 계기가 되었다.

오답 피하기
① 신채호는 의열단의 활동 지침인 「조선 혁명 선언」을 저술한 인물이다.
② 김원봉은 의열단을 결성한 인물이다.
④ 이승만은 대한민국 임시 정부의 초대 대통령이다.
⑤ 안창호는 신민회를 결성하고 평양에 대성 학교를 설립한 인물이다.

03 한인 애국단 결성 목적

대한민국 임시 정부가 별다른 성과를 내지 못하고 위기에 빠지자, 김구는 대한민국 임시 정부의 침체를 극복하고자 의열 단체인 한인 애국단을 조직하였다.

04 의열단

자료 분석
'단원인 김익상', '나석주' 등을 통해 (가) 단체는 의열단임을 알 수 있다.

정답 찾기
⑤ 의열단은 신채호의 「조선 혁명 선언」을 활동 지침으로 삼았다.

오답 피하기
① 정미의병 때 서울 진공 작전을 위해 결성된 13도 창의군의 총대장은 이인영이었다.
② 상하이에서 조직된 신한 청년당은 김규식을 파리 강화 회의에 파견하였다.
③ 독립 의군부는 임병찬 등이 고종의 밀명을 받아 조직한 비밀 결사 단체이다.
④ 지청천이 이끄는 한국 독립군은 1930년대 초반 중국군과 연합하여 쌍성보 전투 등에서 일본군을 물리쳤다.

05 독립을 위해 든 총과 칼, 무장 독립 투쟁

① X 홍범도가 이끄는 대한 독립군이 봉오동 전투에서 승리하였다. **②** X 대한민국 임시 정부는 정규 부대로 한국광복군을 조직하였다.

① 김좌진 **②** ④

1. 김좌진의 북로 군정서는 청산리 대첩에서 크게 승리하였다.

2. 중국 관내에서 결성된 최초의 한인 무장 단체는 조선 의용대 이다.

초능력 Level up 문제

01 ②

02 ⑤

03 1) 만주 사변
    2) 한국 독립군, 조선 혁명군

04 ③

01 1920년대 무장 독립 투쟁

자료 분석

(가) 1920년 6월 홍범도의 대한 독립군 등이 봉오동 전투에서 일본군을 크게 물리쳤다.

(나) 일제는 봉오동 전투와 청산리 대첩의 보복을 위해 간도 의 주민을 무차별적으로 학살하는 간도 참변을 일으켰다.

(다) 1920년 10월 김좌진의 북로 군정서 등의 독립군 연합은 청산리 대첩에서 크게 승리하였다.

정답 찾기

② (가) 봉오동 전투 → (다) 청산리 대첩 → (나) 간도 참변 순 으로 전개되었다.

02 조선 의용대

정답 찾기

⑤ 의열단을 만든 김원봉이 새롭게 조직한 조선 의용대는 중국 관내에서 조직된 최초의 한인 무장 부대이다.

오답 피하기

① 홍범도의 대한 독립군은 봉오동 전투에서 일본군에 맞서 승리하였다.

② 한국광복군은 대한민국 임시 정부의 정규 부대이다.

③ 양세봉의 조선 혁명군은 중국군과 연합하여 영릉가·홍경 성 전투에서 승리하였다.

④ 김좌진의 북로 군정서는 청산리 대첩에서 일본군에 맞서 승리하였다.

03 한·중 연합 작전

1) 1931년 일제가 만주 사변을 일으키자 위기를 느낀 중국은 한국의 독립군과 연합하여 일제를 물리치고자 하였다.

2) 한국 독립군과 조선 혁명군이 중국군과 연합하여 일본군 을 물리쳤다.

04 한국광복군

자료 분석

'대한민국 임시 정부', '국내 진공 작전' 등을 통해 (가) 군대 가 한국광복군임을 알 수 있다.

정답 찾기

③ 한국광복군은 지청천을 총사령관으로 하여 창설되었다.

오답 피하기

① 고종의 밀명을 받아 조직된 단체는 독립 의군부이다.

② 의열단은 신채호가 쓴 「조선 혁명 선언」을 활동 지침으로 삼았다.

④ 조선 혁명군은 영릉가 전투에서 한중 연합 작전을 전개 하였다.

배운 내용으로 빈칸 채우기

04 독립을 위해 내건 목숨, 의열단과 한인 애국단
① 김원봉 ② 조선 혁명 선언 ③ 이봉창
④ 윤봉길

05 독립을 위해 든 총과 칼, 무장 독립 투쟁
① 봉오동 전투 ② 청산리 대첩 ③ 자유시 참변
④ 만주 사변 ⑤ 지청천 ⑥ 조선 의용대 ⑦ 한국광복군

3 일제에 맞서기 위해 실력을 키우고 투쟁하다

06 조선 사람 조선 것으로, 한민족 1천만이 1원씩

초능력 온달 OX 퀴즈 ❶ ○ ❷ X 민립 대학 설립 운동의 구호는 '한민족 1천만이 한 사람이 1원씩'이다.

초능력 평강퀴즈 ❶ 물산 장려 운동 ❷ ⑤

1 '내 살림 내 것으로'는 물산 장려 운동의 구호이다.
2 암살이나 파괴의 방법으로 독립운동을 전개한 것은 의열 단체들이다.

초능력 Level up 문제

01 ②
02 ⑤
03 예 산업과 교육을 통해 민족의 실력을 키워야 한다고 주장하였다.
04 ②

01 물산 장려 운동

자료 분석
제시된 자료는 물산 장려 운동의 포스터이다.

정답 찾기
② 물산 장려 운동은 평양에서 시작되어 전국적으로 확산되었다.

오답 피하기
① 1907년 대한 제국의 빚을 갚기 위한 국채 보상 운동이 전개되었다.
③ 민립 대학 설립 운동은 경성 제국 대학의 설립으로 실패하였다.
④ 3·1 운동은 대한민국 임시 정부가 수립되는 계기가 되었다.
⑤ '한민족 1천만이 한사람이 1원씩'은 민립 대학 설립 운동의 구호이다.

02 민립 대학 설립 운동

정답 찾기
⑤ 1920년대 대학을 설립하기 위한 민립 대학 설립 운동이 전개되었다.

오답 피하기
① 1919년 일제 강점기 최대의 민족 운동인 3·1 운동이 일어났다.
② 1907년 대한 제국의 빚을 갚기 위하여 국채 보상 운동이 전개되었다.
③ 1920년대 우리 민족이 만든 물건을 사용하여 경제를 발전시키기 위한 물산 장려 운동이 전개되었다.
④ 독립 협회는 입헌 군주제에 입각한 의회 설립 운동을 전개하였다.

03 실력 양성 운동

실력 양성 운동은 1920년대 민족주의 세력의 주도로 전개된 독립운동의 방법 중 하나이다. 실력 양성 운동은 민족의 교육과 산업을 진흥시켜 민족의 실력을 키워야 한다고 주장하였다.

04 물산 장려 운동

자료 분석
'조만식', '조선 사람 조선 것', '내 살림 내 것으로' 등을 통해 (가) 민족 운동이 물산 장려 운동임을 알 수 있다.

정답 찾기
② 1920년대 조만식의 주도로 평양에서 물산 장려 운동이 시작되었다.

오답 피하기
① 브나로드 운동은 『동아일보』가 주도한 문맹 퇴치 운동이다.
③ 1907년 대한 제국의 빚을 갚기 위한 국채 보상 운동이 전개되었다.
④ 1920년대 이상재 등의 주도로 민족의 대학을 설립하기 위한 민립 대학 설립 운동이 전개되었다.

07 다시 거리를 채운 그날의 함성 소리

초능력 온달 OX 퀴즈 **①** X 1926년 순종 황제의 장례식을 계기로 6·10 만세 운동이 일어났다. **②** O

초능력 평강퀴즈 **①** 6·10 만세 운동 **②** ②

1. 1926년 순종 황제의 장례식에 맞추어 6·10 만세 운동이 전개되었다.

2. 토지 조사 사업은 1910년대에 실시되었다.

초능력 Level up 문제

01 ①
02 ④
03 **예** 3·1 운동 이후 전개된 최대 규모의 항일 민족 운동이다.
04 ④

01 6·10 만세 운동의 결과

자료 분석

순종 황제의 장례식을 계기로 전개된 만세 운동은 1926년 6·10 만세 운동이다.

정답 찾기

① 6·10 만세 운동의 영향으로 비타협적 민족주의 세력과 사회주의 세력이 연합한 신간회가 결성되었다.

오답 피하기

② 1911년 105인 사건으로 신민회가 해체되었다.
③ 1910년대 일제의 무단 통치의 일환으로 헌병 경찰제가 시행되었다.
④ 1919년 3·1 운동의 결과 대한민국 임시 정부가 수립되었다.
⑤ 1919년 3·1 운동의 결과 일제가 이른바 '문화 통치'를 실시하였다.

02 광주 학생 항일 운동

자료 분석

제시된 자료는 1929년 발생한 광주 학생 항일 운동의 격문이다.

정답 찾기

④ 한·일 학생 간의 싸움을 계기로 일어난 광주 학생 항일 운동은 전국으로 확산되었다.

오답 피하기

① 1919년 일제 강점기 최대의 민족 운동인 3·1 운동이 일어났다.
② 1907년 대한 제국의 빚을 갚기 위한 국채 보상 운동이 전개되었다.
③ 1926년 순종 황제의 장례식에 맞추어 계획된 6·10 만세 운동이 전개되었다.
⑤ 1920년대 이상재 등의 주도로 민족의 대학을 설립하기 위한 민립 대학 설립 운동이 전개되었다.

03 광주 학생 항일 운동의 의의

한·일 학생들 간의 싸움에서 비롯된 광주 학생 항일 운동은 전국적으로 확산되었고, 이는 3·1 운동 이후 학생들의 주도로 이루어진 최대 규모의 항일 민족 운동이었다.

04 광주 학생 항일 운동

자료 분석

'1929년', '한·일 학생 간에 충돌', '11월 3일을 학생 독립운동 기념일로 지정' 등을 통해 밑줄 친 '이 운동'이 광주 학생 항일 운동임을 알 수 있다.

정답 찾기

④ 광주 학생 항일 운동이 일어나자 신간회는 진상 조사단을 파견하여 운동을 지원하였다.

오답 피하기

① 1926년 순종 황제의 장례식(인산일)에 6·10 만세 운동이 일어났다.
② 1907년 국채 보상 운동은 통감부의 탄압으로 실패하였다.
③ 대한민국 임시 정부의 침체를 극복하기 위하여 국민 대표 회의가 개최되었다.

역사 논술

예시 답안

물산 장려 운동은 일제의 회사령 폐지와 관세 철폐의 움직임 때문에 일어난 운동이다. 조만식 등의 주도로 평양에서 시작되어 전국적으로 확산되었지만, 사회주의자들은 물산 장려 운동이 돈 많은 자본가와 상인에게만 이익을 주는 운동이라며 비판하였다.

08 독립을 위해 모인 그들, 신간회

초능력 온달 OX 퀴즈 ❶ X 타협적 민족주의자들은 일제가 허용하는 범위 내의 민족의 발전을 주장하였다. ❷ X 6·10 만세 운동의 영향을 받아 신간회가 결성되었다.

초능력 평강퀴즈 ❶ 신간회 ❷ ⑤

1. 비타협적 민족주의자와 사회주의자들이 연합하여 신간회를 결성하였다.
2. 신간회는 광주 학생 항일 운동에 진상 조사단을 파견하여 운동을 지원하였다.

초능력 Level up 문제

01 ⑤
02 ⑤
03 비타협적 민족주의 세력, 사회주의 세력
04 ①

01 신간회

자료 분석
제시된 자료는 신간회의 강령이다.

정답 찾기
⑤ 광주 학생 항일 운동이 일어나자 신간회는 진상 조사단을 파견하여 운동을 지원하였다.

오답 피하기
① 독립 협회의 주도로 독립문을 건립하였다.
② 대한민국 임시 정부는 독립운동에 필요한 돈을 모으기 위해 독립 공채를 발행하였다.
③ 신민회 인사들의 주도로 신흥 강습소를 설립하였다. 신흥 강습소는 이후 신흥 무관 학교로 이름이 바뀌었다.
④ 대한민국 임시 정부는 연통제와 교통국을 운영하였다.

02 신간회

정답 찾기
⑤ ㄷ. 신간회는 기회주의를 배격한다는 강령을 내세웠다.
　　ㄹ. 신간회는 사회주의 세력과 비타협적 민족주의 세력이 함께 조직하였다.

02 원산 총파업

정답 찾기

③ 1929년 일본인 감독관이 한국인 노동자를 때린 사건에서 비롯된 일제 강점기 최대 규모의 노동 운동은 원산 총파업이다.

오답 피하기

① 1923년 농민 운동인 암태도 소작 쟁의가 전개되었다.

② 1926년 순종의 장례식을 계기로 6·10 만세 운동이 전개되었다.

④ 1923년 진주에서 이학찬이 조직한 조선 형평사를 중심으로 형평 운동이 전개되었다.

⑤ 1920년대 천도교 소년회를 중심으로 소년 운동이 전개되었다.

03 사회 운동의 목표

소년 운동은 어린이에 대한 차별을, 여성 운동은 여성에 대한 차별을, 형평 운동은 백정에 대한 차별을 철폐하고 평등한 세상을 만들고자 일어난 사회 운동이다.

04 형평 운동

자료 분석

'백정 노릇', '백정의 딸이라고 쫓겨나던 날' 등을 통해 제시된 자료는 백정에 대한 남아있는 차별을 없애고자 전개된 형평 운동과 관련 있음을 알 수 있다.

정답 찾기

④ 1923년 진주에서 백정에 대한 남아있는 차별을 없애고자 조선 형평사가 조직되어 형평 운동을 전개하였다.

오답 피하기

① 도병마사는 고려만의 독자적인 기구로 국방 문제를 담당하였다.

② 흥선 대원군은 경복궁 중건 당시 부족한 돈을 확보하기 위해 당백전을 발행하였다.

③ 새마을 운동은 박정희 정부에서 시행한 농촌 근대화 운동이다.

⑤ 5·18 민주화 운동은 이후 전개된 1980년대 민주화 운동에 영향을 주었다.

역 사 논 술

예시 답안

제1차 갑오개혁 때 신분제가 폐지되었지만 백정에 대한 차별은 여전히 남아있었다. 이에 진주에서 이학찬 등은 조선 형평사를 조직하여 형평 운동을 전개하였다.

10 역사를 잊은 민족에게 미래는 없다, 민족 문화 수호 운동

❶ O ❷ X 「별 헤는 밤」, 「서시」 등은 윤동주의 시이다.

❶ 신채호 ❷ ③

1. 민족주의 역사학자이며 「조선 혁명 선언」을 저술한 인물은 신채호이다.

2. 조선어 학회는 한글 맞춤법 통일안을 제정하였다.

초능력 Level up 문제

01 ①
02 ③
03 (가) 심훈 (나) 윤동주
04 ③

01 박은식

정답 찾기
① 민족주의 역사학자인 박은식은 『한국통사』를 저술하고 민족의 '혼'을 강조하였다.

오답 피하기
② 신채호는 『독사신론』, 『조선상고사』 등을 저술하였다.
③ 전형필은 『훈민정음 해례본』 등 수많은 문화유산을 수집하였다.
④ 이육사는 저항 문학가로 「광야」, 「절정」 등의 시를 남겼다.
⑤ 윤동주는 저항 문학가로 「별 헤는 밤」, 「서시」 등의 시를 남겼다.

02 조선어 학회

정답 찾기
③ ㄴ. 조선어 학회는 한글 맞춤법 통일안을 제정하였다.
　 ㄷ. 조선어 학회는 『우리말 큰사전』을 편찬하기 시작했지만 일제의 방해로 실패하였다.

오답 피하기
ㄱ. 독립 협회에서 만민 공동회를 개최하였다.

ㄹ. 신채호는 의열단의 활동 지침인 「조선 혁명 선언」을 작성하였다.

03 일제 강점기 저항 시인

(가) 심훈은 「그날이 오면」을 지어 광복이 오는 그날을 간절히 바라는 작가의 소망을 표현하였다.
(나) 윤동주는 「별 헤는 밤」, 「서시」 등의 시를 남겨 일제 강점기라는 어두운 현실에 대한 슬픔과 고뇌를 표현하였다.

04 이육사

자료 분석
'일제 강점기 민족 저항 시인', '수인 번호를 따서 호를 지었습니다.', '광야' 등을 통해 (가) 인물이 이육사임을 알 수 있다.

정답 찾기
③ 이육사는 「광야」, 「절정」 등의 시를 통해 일제를 향한 저항 정신을 표현하였다.

오답 피하기
① 심훈은 「그날이 오면」을 지어 광복이 오는 그날을 간절히 바라는 작가의 소망을 표현하였다.
② 윤동주는 「별 헤는 밤」, 「서시」 등의 시를 남겨 일제 강점기라는 어두운 현실에 대한 슬픔과 고뇌를 표현하였다.
④ 한용운은 일제의 불교 탄압에 저항하며 사찰령 폐지 운동을 전개하였다.

배운 내용으로 빈칸 채우기

09 차별 없는 세상, 우리의 권리를 지키자!
① 암태도 소작 쟁의 ② 방정환 ③ 근우회
④ 조선 형평사

10 역사를 잊은 민족에게 미래는 없다, 민족 문화 수호 운동
① 전형필 ② 박은식 ③ 조선어 학회
④ 윤동주

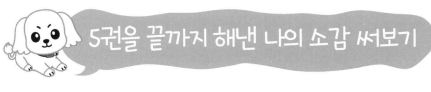

5권을 끝까지 해낸 나의 소감 써보기

memo

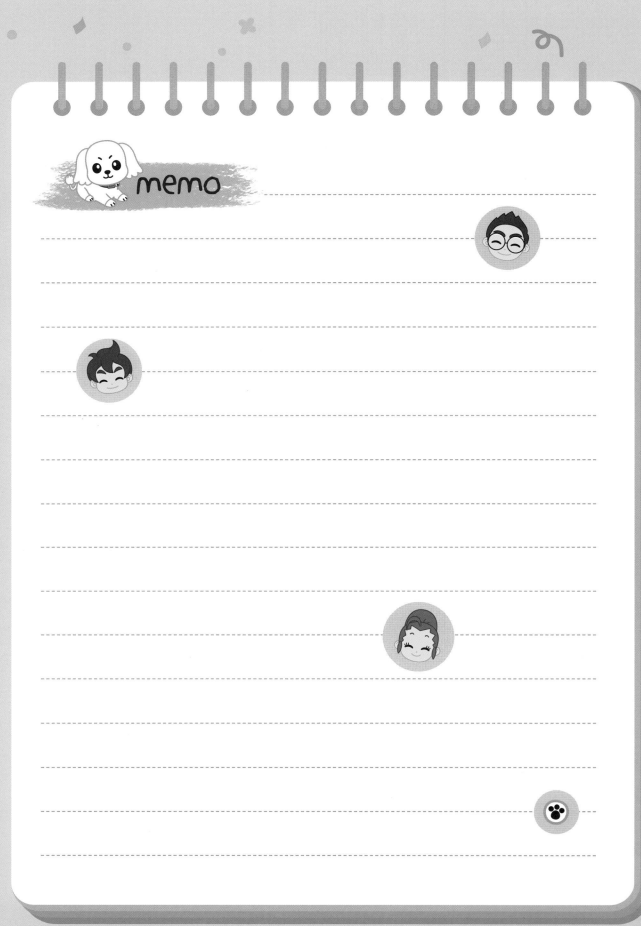

memo

설민석의 초등 한국사 ⑤

정답과 해설

시리즈	시대	내용
1권	선사 시대~고대편	선사 시대~통일 신라와 발해
2권	고려편	후삼국의 성립~고려의 문화
3권	조선편	조선의 건국~조선의 문화
4권	근대편	흥선 대원군의 집권~근대 문물의 수용
5권	일제 강점기편	일제의 식민 통치~민족 문화 수호 운동
6권	현대편	8·15 광복~평화 통일을 위한 노력

초등학교

학년   반   번

이름

어린이제품 안전 특별법에 의한 기타표시사항

제품명 도서 | 제조자명 (주)단꿈아이
제품국명 대한민국 | 사용연령 7세이상
전화번호 031-623-1145
주소 경기 성남시 분당구 판교로 242, C동 701-2호
이 제품은 KC 안전기준을 통과하였습니다